인생의 비탈에서 흔들리지 않도록

최린

고려대학교 독어독문학과 졸업 후 프랑스에서 오랜 기간 유학 생활을 했다. 파리 10대학에서 지정학DEA(박사준비과정) 학위를 받았으며 마른라발레대학 유럽연합연구소에서 박사과정을 수료했다. 귀국 후 번역을 하며 출판사에 발을 들여놓게 되었고 기획과 편집, 번역을 하며 지금까지 출판에 관련된 일을 하고 있다. 인문과 심리, 마음을 치유하는 도서들에 관심이 많다. 옮긴 책으로《당신의 무기는 무엇인가》,《신나게 걸어봐 인생은 멋진 거니까》,《에크하르트 톨레의 이 순간의 나》,《내게 남은 삶이 한 시간뿐이라면》,《지정학》,《걷다 보니 마음이 편해졌습니다》 등이 있다.

DANS L'AMITIÉ D'UNE MONTAGNE: Petit traité d'élévation
by PASCAL BRUCKNER
©Éditions Grasset & Fasquelle, 2022.
All rights reserved.

Korean Translation Copyright ©2023 by Wisemap
Korean edition is published by arrangement with Éditions Grasset & Fasquelle.

인생의 비탈에서 흔들리지 않도록

Dans l'amitié d'une montagne

노년의 철학자가 산을 오르며 깨달은 것들

파스칼 브뤼크네르 지음 · 최린 옮김

와이즈맵

내 친구 로랑 오블린(1949~2009)을 추억하며. 그는 아시아와 높은 산으로 나를 초대해주었다. 그의 따뜻한 그림자는 모든 길과 모든 산의 정상에서 나와 함께했다.

에귀뒤투르산을 추억하며, 안나에게

"감탄할 수 있는 능력이 없는 사람은 불행하다. 함께 감탄하지 못하면 우정이 생기지 않기 때문에 감탄하는 능력이 없는 사람과는 우정을 나눌 수 없다. 우리의 한계, 부족함, 빈약함은 우리 눈앞에 놓인 숭고함에 스며들며 치유된다."

미셸 투르니에

고도를 향한 열정에 사로잡히다

산의 정상을 오른다는 것에 우리는 매혹당하고 감탄하게 되지만, 꼭대기에 오른다고 우리가 더 좋은 사람이 되는 건 아닙니다. 우리는 우리의 자취를 따라오고, 우리를 앞서가며 산에서 내려온 후에도 산 정상에 머무르는 '열정'과 함께 산을 오릅니다.

얼마 전 프랑스 남부의 오트-잘프Hautes Alpes에서 낮은 고도를 등반하며 며칠을 보냈습니다. 허름한 시골 숙소에서 밤을 보내고, 다양한 높이의 석회암 절벽에서 훈련을 했는데, 나는 그리 높지 않은 절벽에 있었습니다.

고도의 기술을 써가며 산을 오를 때 놀라운 점은 참가

자들의 열정입니다. 5월에는 낮이 길기 때문에 아침 8시부터 저녁 8시까지, 대부분 젊은 사람으로 이루어진 등반객이 암벽을 오르기 위해 고군분투합니다. 소지품과 배낭을 짊어지고 짝을 짓거나 아이를 동반한 친구들과 함께 무리를 이루어 등반합니다. 너무 붐벼서 3b와 6c 혹은 7(암벽등반의 난이도 체계로 보통 3은 초급자 등급, 6~7은 중급자 등급으로 분류함 - 옮긴이) 사이의 암벽을 나란히 오르고 있습니다. 등산을 하다 보면 하산하며 당신에게 인사를 건네는 사람들과 마주쳐 지나게 됩니다.

사람들은 오버행(암벽 일부가 처마처럼 돌출되어 머리 위를 덮은 형태의 바위-옮긴이)에 감히 도전하고 고난도 비탈면을 지나기 위해 심하게 가파르고 미끄러운 절벽에서 때로는 한 시간 이상 머무르는 대담한 남녀들에게 감탄합니다. 이 경연의 참가자들은 산화마그네슘을 손에 바른 채 1~2미터를 펄쩍 뛰어 밧줄을 붙잡고, 자신들을 지탱해주는 밧줄에 매달리며 뒤로 떨어집니다.

거미나 다람쥐처럼 우아하게 춤을 추며 내려오는 젊은 여성과 청소년이 그저 부러울 따름입니다. 그들은 힘을 전혀 들이지 않고 산을 오르는 것처럼 보여서 우리를 굼뜬 존재라고 조롱하는 호리호리한 운동선수 같습니다. '자신의 길'을 놓친 아쉬움을 달래기 위해 초콜릿 케이크와 커다란 아이스크림을 먹던 어두운 눈빛의 젊은 암벽등반가들이 기억납니다.

더위가 가시지 않은 저녁 무렵이면 우스꽝스러운 몸짓, 금속 고리, 마치 뱀처럼 얽힌 몇 킬로미터의 밧줄이 부딪치는 소음 속에서 등반가들은 맥주 한잔으로 갈증을 해소합니다. 분위기는 뜨겁고, 사람들은 암벽, 낙하, 다음 날 해야 할 모험에 대한 이야기만 합니다. 거기에는 속물근성도 없고, 자신의 복장이나 최신 장비를 과시하는 데 집착하지도 않으며, 오로지 노력, 소박한 성공, 앞으로 나아가려는 공동의 욕망만이 있습니다. 또 암벽, 불가능한 도전에 대한 사랑, 수직성, 균형, 낙하의 법칙에 선포하는 전쟁에 대한 사랑이 있습니다.

산의 낭만주의, 아름다움과 가혹함, 절대적 이타성 등 산을 사랑할 이유와 산을 싫어해야 할 이유는 너무나도 많습니다. 또 산은 죽음과도 가까이 있습니다. 올해 5월, 해발 3,500미터에서 시작된 거대한 눈사태는 샤모니Chamonix의 공동묘지까지 밀려 내려와 사랑하는 고인을 추모하러 온 사람들을 위협했습니다.

작가인 에리 데 루카Erri de Luca는 히말라야 등반에 동행했던 유명한 이탈리아 산악인인 니베스 메로이Nives Meroi와 나눈 인터뷰를 실은 책에서, 폭풍우가 몰아칠 때 텐트 안에서 그녀와 두서없이 이야기를 나눕니다. 이 매혹적이고 엉뚱하고 때로는 매우 사적인 대화에서 에리 데 루카는 끊임없이 그녀를 성경, 모세, 성전聖典으로 데려가려 하고, 그녀는 저 높은 곳인 5,000~8,000미터 높이의 산악 지대에는 신도 유령도 없으며 오로지 세심하고 조심스럽게 앞으로 나아가는 그녀의 남편과 그녀만이 있을 뿐이라고 반박합니다.

"우리는 고도에 있는 사랑의 실험실이에요. (…) 모든 고도에서 싸웠어요."

개미처럼 행동하고 젖을 짜는 동물처럼 진화하기 위해 얼음과 눈의 세계로 그들을 데려가는 것은 사랑입니다. 반면 에리 데 루카는 산 정상에서 영원성의 흔적을 찾거나 과거에 이탈리아 극좌파 편에서 정치적 참여를 했던 것에 대해 궁금해합니다. 그는 신자의 눈과 절반쯤 회개한 투사의 두뇌로 산을 읽습니다.

지구온난화로 이번 세기에 산은 점점 더 큰 인기를 누

릴 거라고 예상됩니다. 휴가철이면 많은 사람이 과열되고 혼잡한 해변을 뒤로하고 한가롭게 산속을 거닐고, 무리 지어 산속 오솔길을 산책할 테지만, 대부분 산의 아름다움이나 마법에 대해서는 아무런 관심이 없습니다. 그러나 산은, 산의 위대함은 방문객이 이런저런 목적으로 자신을 이용하는 걸 허락합니다.

프랑스에는 메제브Megève, 쿠르슈벨Courchevel의 화려한 리조트가, 발 디제르Val d'Isère, 발 토랑Val Thorens, 티뉴Tignes의 스포츠 리조트가, 샤모니처럼 온갖 다양한 스타일이 어우러진 도시가 있습니다. 그리고 숨어 지낼 만한 정통적이고 비밀스러운 마을도 많습니다. 각자 자신의 취향에 따라, 여러 사람과 어울리거나 혼자 있는 것을 선택할 수 있습니다.

길 하나를 돌기만 하면 당신은 자연의 광활함을 홀로 마주하고 그 수수께끼 앞에서 숨이 턱턱 막힐 것입니다. 산은 자신의 방법으로 당신은 먼지 알갱이일 뿐이고, 하찮은 원자, 입자로서 경외심과 겸손함을 느끼는 거라고 말합니다. 바로크 양식의 효과와 웅장한 봉우리, 빙하, 헝클어진 산등성이를 펼쳐 보이며 설득하는 산의 말은 당신을 사로잡습니다.

산은 당신에게 말을 거는 것 같지만, 당신이 산에게 질문을 하는 순간 침묵을 지킵니다. 겨울의 혹독함이나 여름의 온화함 속에서 우리는 백일몽, 기다림, 황홀경으로 이 침묵을 채웁니다.

파스칼 브뤼크네르

프롤로그

산에 오른다는 건 다시 태어난다는 것

얼마 전 나는 세르주 미셸과 함께 3,171미터 높이의 타보르Thabor산 정상으로 산행을 했습니다. 아람어로 경건하다는 뜻을 지닌 타보르산은 오트-잘프Hautes-Alpes산맥에 있는데 프랑스와 이탈리아 접경지대에 있는 순례지이기도 합니다. 산꼭대기에 자리한 노트르담 데 세트 둘뢰르Notre-Dame des Sept Douleurs 성당은 상당히 낡았지만 견고한 건축물로, 독실한 기독교인에게는 그리스도의 수난을 몸소 체험하는 특별한 장소가 되었습니다. 그곳에서 우리는 우주와 교감하기 위해 야외에서 연꽃 자세로 수행하는 불교 신자를 만났습니다. 오전 11시쯤 네바슈Névache 계곡을 출발해 2,500미터에서 잠시나마 가라앉았던 8월 한여름의 폭염에 시달리고 이후에는 진흙 더미와 빙설로 고생하며 산을 올랐습니다. 오후 늦게 목적지에 도착하자 세르주는 티베트 국기로 뒤덮인 정상에서 이렇게 말했습니다.

"좋아요. 그만하면 야자나무 테스트를 통과한 겁니다."

"야자나무 테스트라고요?"

"어떤 부족은 매년 노인들을 시험한다고 합니다. 사람들이 마구 흔들어대는 야자나무 꼭대기까지 올라가도록 하는 겁니다. 만약 나무에서 떨어지면 마을에서 쫓겨나 정글에서 혼자 죽게 되지요. 하지만 버텨내면 부족에 남을 수 있습니다."

이 사실을 알게 된 후부터 나 자신이 아직 건재하다는 것을 보여주고 싶은 욕심에 매년 이 시험을 해보곤 합니다. 말하자면 두 개의 산을 자주 오르는 겁니다. 하나는 일상생활에서 겪는 환희와 혼란 사이에 놓인 '내면의 산'이고, 다른 하나는 내면의 산을 확인하거나 부정하는 '외면의 산'입니다.

타보르산에서 내려오는 길은 너무도 위험했습니다. 험한 길에서 길을 잃고 헤매다 양 떼를 만나는가 하면, 아주 사나운 파투(프랑스 피레네산맥의 양치기 개 - 옮긴이)한테 공격당하기도 했습니다. 털이 흰 이 개는 늑대와 곰에게서 양과 염소를 보호하는데, 무게가 무려 90~100킬로그램 정도 나가며 등산객에게 특히 위험한 존재입니다. 이 개들과 마주치더라도 눈을 똑바로 쳐다보지 않는 게 신상에 좋습니다. 파투는 깡패 두목만큼이나 쉽게 욱하는 성정이라 자칫 당신이 자신을 공격하려 한다고 여길 수 있기 때문입니다. 그러니 몸을 낮추고 절대 등산 스틱을 흔들지 말고 고개를 숙여야 합니다. 강 건너편에서 괴팍한 마멋 한 마리가 이 파투들을 향해 쉿쉿 소리를 냈습니다. 그러자 개들은 마멋을 갈기갈기 찢어버리겠다고 결심이나 한 듯 그곳으로 달려갔는데, 마멋이 우리 생명을 구해준 셈이었습니다.

나는 조르주 심농Georges Simenon(프랑스 소설가 – 옮긴이)에게는 야자나무가 또 다른 역할을 했다는 사실을 떠올렸습니다. 심농은 1930년대 대도시의 일상에서 벗어나 프랑스령 남태평양 섬을 여행하며 그곳 주민의 관습을 기록해 작은 책자로 출간했습니다. 책에서 심농은 태평양의 어떤 섬에서는 여자가 남자의 의견에 동의한다고 말하고 싶을 때 야자나무를 이용한다고 했습니다. 특히 이방인에게 그 말을 하고 싶으면 야자나무 꼭대기까지 올라가는데, 만약 사랑에 빠진 구혼자가 그녀를 따라 나무에 오르려고 노력한다면 그가 앞으로 갖게 될 모든 것, 해와 달을 그에게 보여주기 위해서입니다.[1] 이는 어떻게 보면 프랑스에서 되살려야 할 관습인 듯한데, 우리로 하여금 질식할 듯한 도시에 더 많은 나무를 심도록 격려할 것이기 때문입니다. 그 덕에 지나치게 많은 콘크리트로 둘러싸인 환경의 위협적인 괴롭힘을 피할 수 있도록 해줄 것입니다. 그날 이후 나는 산행을 할 때마다 우아하게 기울어진 야자나무를 다시 생각하곤 합니다. 알프스산맥이나 피레네산맥 한가운데에 버티고 선 이 이국적인 나무를 떠올려보는 겁니다.

이미 인생은 내리막길에 접어들고 있는데 왜 우리는 오르는 행위를 하는 걸까요? 일부러 몸을 고달프게 한 다음 거기서 기쁨을 얻는 것도 행복이라고 할 수 있을까요? 우리는 신념 때문에 산에 오르는 게 아닙니다. 산이 우리 신념을 자극해서 그곳을 오르도록 유도하는 것입니다. 산의 위엄은 어떤 이를 열광하게 만들기도 하지만 어떤 이를 굴복시키기도 합니다. 산에 열광하는 사람들에게 산을 오른다는 건 다시 태어나는 것이고, 환희의 도가니 속으로 걸어 들어가는 것입니다. 산 정상에 오르면 우리는 마치 낙원을 본 것처럼 사로잡히고 빨려듭니다. 그 농밀함이 우리를 삼켜버립니

---

1   Georges Simenon, *La Mauvaise Étoile*, Folio-Gallimard, 1938, p. 87.

다. 그 농밀함은 매서운 추위일까요? 사정없이 몸에 와 부딪치고 우리를 쓰러뜨릴 듯한 바람일까요? 아니면 공포와 아름다움이 뒤섞여 우리에게 말을 거는, 보다 높은 곳에 있는 힘일까요?

파스칼 브뤼크네르

차례

1장

눈이 녹으면
흰빛은 어디로 가는가

"한 시간 전, 우리 집 위로는 지금까지 기록된 것 중 가장 소소한 눈보라가 몰아쳤습니다. 두 번 정도 눈송이가 흩뿌렸음에 틀림없습니다. 나는 눈이 더 내리기를 기다렸지만 더 이상 눈송이는 떨어지지 않았습니다."

— 리처드 브라우티건Richard Brautigan, 《도쿄 몬태나 특급열차》

"키티, 창문에 부딪치는 눈 소리가 들리니? 정말 달콤한 소리야! 마치 창문 밖에 있는 누군가가 창문을 입맞춤으로 덮고 있는 것 같아. 눈이 나무와 들판을 사랑해서 그렇게 달콤하게 입 맞추고 있는 건 아닐까?"

— 루이스 캐럴Lewis Carrol, 《이상한 나라의 앨리스》

나는 망각과 행복한 잠을 부르는 눈송이가 떨어지는 장막 속에서 태어났습니다. 아주 어린 2세 때 결핵을 앓아서 포어아를베르크(오스트리아 서부에 있는 주－옮긴이)에 있는 킨데르하이멘 오스트리아라는 요양원에서 자랐습니다. 나는 바이에른(독일 동남부에 위치한 주 - 옮긴이)에 둘러싸인 오스트리아 고도 계곡인 클라인발제르탈Kleinwalsertal 마을의 알프스 산들을 통해 세상을 처음 알게 되었습니다. 그곳의 봉우리는 대부분 2,500미터를 넘지 않습니다. 4,000미터 높이의 산을 보려면 티롤(오스트리아 서부 및 이탈리아 북부의 산악 지대 - 옮긴이) 지방까지 가야 했습니다.

하지만 추위가 너무 매서웠습니다. 어린 시절 겨울 온도계는 몇 주 동안이나 섭씨 영하 20도, 25도까지 내려가곤 했습니다. 겨울이 한창인 1월에는 사슴, 노루, 샤무아(산악 지대에 사는 영양 - 옮긴이) 같은 산짐승이 그들을 위해 건초를 마련해둔 민가 근처까지 내려왔습니다. 눈이 내리면 나는 반바지, 가죽 바지, 멜빵, 바이에른 사투리, 유대교 신자들이 쓰는 빵모자처럼 이상하게 생긴 작은 모자를 생각하곤 합니다. 요즘에는 눈 내리는 날이 점점 더 드물지만, 나는 이 축복받은 하얀 가루가 존재 자체로 우리에게 경의를 표할 때마다 감동받습니다. 눈송이에서 내 과거의 모습을 찾을 겁니다.

유럽 중심부에서 어린 시절을 보내게 된 것은 사실 최악의 이유 때문입니다. 나의 아버지는 2012년 8월 그의 마지막 순간까지 제3제국을 열렬하게 숭배한 반유대주의자였고, 그래서 자신의 아들을 아리아인으로 만들고 싶어 했습니다. 아버지는 1941년부터 1945년까지 자발적으로 처음에는 베를린에서, 그다음에는 비엔나에서 지멘스Siemens(독일의 기술 기업 - 옮긴이)의 엔지니어로 일했습니다. 그해 4월 소비에트연방의 붉은 군대가 베를린 코앞에 도착하자 애인과 함께 프랑스 정부 치하에 있던 포어아를베르크로 피난을 갔습니다. 그리고 7년이 지난 후에야 나를 그곳에 보냈습니다.

1945년 11월 아버지가 파리로 돌아왔을 땐 행정이 엉망이 되어 있어 재판을 피했고, 그는 후손을 통해 독일이 패배한 데 대한 복수를 시작했습니다. 말하자면 나는 복수의 아들이었던 것입니다. 그런데 아버지에게는 유감스러운 일이지만, 나는 그의 소원을 들어주지 않았습니다. 나는 게르만식 성으로 프랑스에서 곧바로 유대교 신자가 되어 아버지를 절망하게 했고 유대인 지식인으로 분류되었습니다. 말 안 듣는 다루기 힘든 자식, 반유대교인 입장에서는 이교도인인 나는 아마도 아버지로서는 없애버리고 싶었을 짜깁기 가족으로 돌아왔습니다. 내가 가톨릭 문화에 속해 있다고 아무리 항변해도 사람들은 나를 이 차용된 정체성으로 매번 돌려보냈습니다. "당신은 그렇지 않겠지만, 뭐 어쩔 수 없는 일 아닌가요?" 상황이 이렇게 반전된 것에 아버지도

웃고 있지 않을까 궁금합니다.

눈은 전나무와 떼려야 뗄 수 없는 관계인데, 이 충직한 하인은 뻣뻣하게 서서 층층이 쌓인 눈을 털어내 나뭇가지를 가볍게 할 때를 제외하고는 거의 움직이지 않습니다. 전나무는 눈에 잘 띄지 않는 침엽수입니다. 녹색 몸통에는 사람들이 접근하지 못하도록 뾰족한 가시가 잔뜩 달려 있습니다. 전나무는 맹렬하게 공격해 오는 바람이나 폭풍에 몸이 구부러질 때, 동료들에게 가까이 붙어서 보물을 찾는 구두쇠처럼 몸통에 나뭇가지를 착 붙입니다. 검소하고 소박한 이 나무는 종종 신음을 내뱉는데, 마치 유령 무리가 내는 소리 같습니다. 우리가 혹시 덤불 속에서 나오진 않을까 두려워하는 유령들 말입니다.

이 침엽수는 정말이지 봉사 정신이 투철합니다. 고지대에서 내려온 하인처럼 많은 소포 꾸러미 같은 눈덩이를 나릅니다. 전나무는 매년 크리스마스트리가 되기 위해 순교할 준비를 마친, 깃털 달린 작은 막대기입니다. 우리는 잔가지 위에 양초를 얹고 공, 화환, 황금색으로 칠한 호두, 반짝거리는 등불로 장식합니다. 그리고 형형색색의 선물 더미를 그 발치에 놓아둡니다. 하지만 이 나무는 곧 희생될 운명입니다. 크리스마스가 되고 며칠이 지나면 트리는 설치되었던 건물과 가정집에서 조각조각 분질러집니다. 그러고는 재활용 센터에서 잘게 부서지기 전에 방부 처리되어 보도에 널브러진 채 쓰러져 있습니다. 아이와 젊은이, 노인을 기쁘게 하기 위한 학살인 셈입니다. 전나무의 운명은 그저 빠른 속도로 압축되었을 뿐, 인간이라는 존재를 그대로 보여줍니다.

이런 모습은 충분히 보셨을 겁니다. 밖에 한번 나가보십시오. 산을 수호하는 소박한 침엽수는 언제나 애석하다는 표정을 짓고, 자기가 거기서 무엇을 하고 있는지 궁금해하는 것 같습니다. 마치 인간에게 착취당하지 않은 것처럼요. 어떤 사람들은 남근을 닮았다고 생각해서 똑바로 서 있는 대신 누워 있는 산타 할머니 장신구 같은 소나무로 트리를 바꾸자고 합니다. 그런데 이 프랑스 단어들이 무례한 농담이 되어 실제로 우리가 삭제하고 싶은 것을 강조하곤 합니다.

나는 1,000미터 이상 고지대로 올라가면 숨이 더 잘 쉬어지고 특별한 행복감을 느낄 뿐 아니라, 하늘에 가득 찬 영기에 취하고, 뇌는 바깥 공기를 쐬면서 엔도르핀이 분출됩니다. 무엇인가가 나 자신을 넘어선 곳으로 나를 끌어올립니다. 고함을 치며 물길을 넘어서는 급류가 나를 흥분하게합니다. 집에 있다고 느끼게 합니다. 나는 세상을 낮은 계곡과 반짝거리는 꼭대기로 나눕니다. 그곳에서 나는 정화의 과정을 경험합니다. 눈은 세상의 추한 면모를 없애는 지우개입니다. 비록 세상의 흉물스러움이 지우개를 능가할지라도 말입니다. 눈이 내릴 땐 기적이 일어납니다. 모든 풍경을 덮고, 울타리와 기둥의 선이 무뎌지고, 지붕과 벽에 돋아 있는 장식을 들어 올립니다. 눈은 초대받지 않은 곳이라도 어디에건 침입해 주제넘는 행동도 서슴지 않습니다. 둥글고 얇고 각진 눈송이의 구조는 무한히 작은 것이 소유한 풍부함을 구현해냅니다. 기온이 뚝 떨어진 밤이 지나고 해가 뜨면, 마치 풍경화를 그려놓은 듯 수천 개 조각으로 반짝거리는 이른 아침의 경이로움이 펼쳐집니다. 하얀 가루의 소용돌이, 빛나는 몽환으로 눈이 불타고, 그 빛들의 후광 속으로 녹아듭니다.

그건 얇은 막으로 뒤덮인 하나의 우주로, 강철 같은 추위에 얼어붙은 발바닥 아래에서 바삭거립니다. 두꺼운 털로 뒤덮인 채 눈을 가득 이고 있는 나무들, 어두운 속삭임에 동요하는 거대한 숲은 제압당한 듯합니다. 산은 장엄하게 행진하려는 듯 눈에 덮여 있습니다. 혹독한 추위는 화가이자 직공입니다. 나무에 흰 가루를 뿌리고, 돌과 초목 위에는 서리로 미세한 망을 짜놓았습니다. 들판은 구불거리며 물결쳐 머랭(설탕과 달걀흰자를 섞어 거품낸 혼합물 - 옮긴이)을 펼

인생의 비탈에서 흔들리지 않도록

쳐놓은 것 같습니다. 실크 식탁보 같은 겨울 산은 멋진 스키 루프 흔적으로 얼룩집니다. 사람들은 미끄러지며 어떤 것에서건 그 위에서 춤을 출 수 있다고 생각하고, 경사진 길을 매끄러운 기다란 리본으로 만들 수 있다고 믿습니다. 넘어져도 눈이 두껍게 쌓여 있어서 대수롭지 않습니다. 샤무아나 여우가 남긴 해독하기 어려운 글자들도 발견합니다. 우리는 장난꾸러기 요정인 듯 벽을 마음대로 통과할 것처럼 행동하고, 중력의 법칙은 더 이상 존재하지 않습니다. 흰 눈이 묻은 스키 플레이트의 휜 앞부분이 바스락거리며 가루를 더욱 매끄럽게 만듭니다.

더 높은 지역의 산들은 2021년 2월 망원경으로 보았던 돔 뒤 구테Dôme du Goûter(몽블랑 대산괴에 있는 산으로, 남동쪽으로 2킬로미터 떨어진 곳에 정상이 있는 몽블랑의 어깨 – 옮긴이)의 대피소처럼 아래쪽이 무늬 있는 얼음사탕으로 둘러싸인 여러 층의 결정체처럼 보입니다. 흰색의 나라는 그것을 바라보는 사람들의 눈을 멀게 하고, 빛은 봉우리를 가르며 세세한 부분까지 다듬고 있습니다. 3,000 이상으로 강력한 자외선과 반사광으로 인해 눈은 엄청나게 빛납니다. 강렬하고 투명한 기둥들은 얼음의 작은 손가락으로 온통 뒤덮여 있습니다. 눈을 순간 손으로 움켜쥐지만 곧 사라질 보석입니다. 서리로 줄무늬가 생긴 타일들은 풀기 어려운 기하학 문제를 그려냅니다. 눈이 하얗게 덮여 있지만 그 안에 숨기고 있는 것들을 매혹하며 찬란히 빛납니다. 이 찰나의 기적이 일어나고 낮의 더위가 찾아오자마자 아름다운 언덕들은 녹아서 마치 수플레(거품을 낸 달걀흰자에 치즈, 감자 등을 섞어 오븐에 구운 과자 – 옮긴이)처럼 푹 가라앉아버리고, 풍경의 부서지기 쉬운 도자기는 갈라지고, 종유석은 길고 차가운 돌기에서 떨어지며, 지붕 위에선 홈통을 따라 물이 흘러내립니다. 태양이 얼어붙은 것에 생명을 불어넣고, 순수하고 깨끗한 것은 이내 사라집니다.

나는 독일과 오스트리아 국경에서 처음으로 눈보라를 만났을 때 느꼈던 흥분을 기억하고 있습니다. 내가 7세 혹은 8세 무렵이었는데 우리 가족은 부모님이 정착해서 살고 있던 리옹에서 클라인발제르탈로 크리스마스를 보내러 가는 중이었습니다. 눈 때문에 수많은 차량이 도랑에 빠졌고, 우리가 타고 있던 작은 르노 4CV는 비탈을 오르려 애쓰고 있었습니다. 아스팔트 도로와 들판이 구별되지 않았고, 주변은 온통 흰색에 질식할 듯 잠겨 있었습니다. 바이에른주의 오베르스트도르프와 오스트리아의 리즐레른 마을 사이에서 긴 오르막길이 우리를 막았습니다. 차는 도로에서 미끄러졌고, 도로를 가로막고 있는 다른 차량들과 함께 벽 높이의 눈 더미에 묻혔습니다. 엄마는 겁에 잔뜩 질려 아버지에게 콘스탄스호(스위스, 오스트리아, 독일 국경에 있는 호수-옮긴이)로 돌아가자고 간청했습니다. 엄마는 나를 애지중지하고 과잉보호하는 경향이 있긴 했지만, 내가 강인한 아이였다는 걸 말해야겠습니다. 외동아이에게 가장 힘든 일은 엄마 품에서 벗어나는 것이고, 엄마에게 가장 힘든 일은 자녀를 놓아주는 것입니다. 그것은 이중의 고통이지만, 엄마가 귀엽고 사랑스러운 아이가 방황하며 하찮은 일에 시간을 허비할 때 함께한다는 그 특별한 느낌을 더 이상 경험할 수 없다는 건 더 잔인한 일입니다.

차는 꼼짝도 하지 못했습니다. 우리는 다른 차량들과 함께 제설 차량과 견인차가 와서 우리를 세관 사무소까지 끌어다주기를 기다리며 추위 속에서 아침까지 기다려야 했습니다. 그러는 동안 나는 엄마 무릎에서 잠이 들었고, 내 눈은 눈송이의 장막과 눈송이들이 내뿜는 몽롱한 기운으로 가득 찼습니다. 그때 눈송이들의 지배와 장엄한 통치 아래 살겠다고 맹세했습니다.

눈은 그냥 내리지 않고 가끔 땅에서 튀어오르며 중력의 법칙을 거스르고, 사방으로 흩어지거나, 위아래로 뒤죽박

죽 위치를 바꿉니다. 바람의 영향에 따라 자신이 원래 왔던 곳으로 솟아올라 강을 그 원천으로 밀어내는 폭포와도 같습니다. 이 푹신한 물질은 소용돌이 모양으로 펼쳐지며 하늘을 뒤덮을 듯 솟구칩니다. 숨이 막힙니다. 공중에 떠 있는 지푸라기처럼 휩쓸려 갈까 두렵습니다. 눈보라는 눈 깜짝할 사이에 풍경을 지워버려 알아볼 수 없게 하며, 집에서 아주 가까운 곳에서도 길을 잃게 할 수 있습니다. 알프스산맥이나 북아메리카에서 가끔 그랬던 것처럼 눈에 갇힐 때마다 나는 무아지경에 가까운 행복감에 사로잡힙니다.

1월에 몬트리올, 모스크바 또는 뉴욕에서 돌풍을 맞으며 즐겼던 길고 긴 산책을 기억합니다. 마치 잔뜩 화가 난 어떤 손이 억지로 목이나 눈 안으로 얼음 조각을 마구 밀어넣는 것 같았습니다. 눈썹은 얼어서 달라붙었고 입술은 파랗게 질리고, 코에는 울긋불긋 반점이 나고, 콧구멍은 막힌 채 광대 화장을 한 듯한 얼굴은 온통 흰 가루를 뒤집어썼습니다. 수평으로 당신을 향해 돌진해 입술의 장벽을 뚫고 마치 모래처럼 입안으로 몰려드는 날카로운 발사체들이 폭발하는 것 같았습니다. 그건 금속 가루이며, 가까운 거리에서 쏜 총알입니다. 거리로 돌진해 건물을 공격하며 눈 더미와 하나가 되고, 기둥 위에 어떤 모습을 조각해내는 하얀 눈의 바다에서 헤엄을 칩니다. 나는 3,000미터 또는 4,000미터 상공에서 일어나는 절박한 상황을 경험해본 적은 없지만, 입이 얼기 시작하고 손과 발의 감각이 무뎌져도, 눈보라의 울부짖음은 내게 폭풍우의 울부짖음보다 덜 위험해 보입니다. 세상으로부터 단절되고 인간의 걱정거리와는 거리가 먼, 어떤 거품 속으로 들어가는 듯한 경이로운 느낌을 경험합니다. 지나가는 사람들은 안개 속을 가로지르는 유령이 되고 햇빛은 희미하고 창백한 석양 속에서 사그라듭니다. 저 멀리에서는 땅을 다지는 롤러와 여러 불빛이 번쩍이는 제설차의 음울한 소리가 들려옵니다. 보통 사람들에게 불편을 주는 모든 것, 즉 극지방의 저온, 매서운 추위, 보도 위에 끈적끈적하고 미끈거리는 줄무늬를 만들어 조심스럽게 균형을 잡으며 걷도록 만드는 얼음 등은 나를 기쁘게 합니다.

겨울의 매력은 칩거를 부르는 고요함입니다. 대부분 눈은 폭포처럼, 마치 소리가 거의 나지 않는 폭포처럼 내리는데, 그건 천 개의 희미한 속삭임으로 이루어진 소리 없는 소리입니다. 결정체는 가라앉으면서 싸락눈이 됩니다. 눈은 하늘이 우리에게 건네는 언어입니다. 눈이 내리면 통행이 더 어려워져서 산이 주는 유폐의 느낌이 진해집니다. 이 은혜로운 폭우에서 새로운 풍경, 묻혀 있던 풍경이 솟아납니다. 눈이 내리는 걸 보면서 우리는 독일 출신의 몰도바 작가 슈테판 하이더 폰테스쿠Stefan Heyder Pontescu의 소설《작은 죽은 혀La Petite Langue Morte》를 생각합니다.

유럽 중심부 고도에 위치한 공국公國에, 눈 때문에 누구도 뚫고 들어갈 수 없는 외진 산악 지대 한가운데에서 어린 공주가 6개월 동안 세상과 단절된 채 죽어가고 있었습니다. 어느 마법사가 공주 아버지에게 만약 그 아이가 침대에서 일어날 때 바다를 볼 수 있다면 치유될 것이라고 장담했습니다. "이 끔찍한 풍경이 어린 영혼을 짓누르고 병들게 하고 있어요." 하지만 공주의 상태로는 이동하는 것이 어려워 보입니다. 아니, 불가능합니다. 그래서 왕은 수백 킬로미터나 떨어진 바다와 왕국 사이에 있는 산봉우리를 전부 없애기로 합니다. 왕국의 모든 힘을 동원해야 하는 엄청난 일이 시작되었습니다.

왕국과 남쪽 이웃 국가 사이에 놓인 산맥의 몇몇 봉우리가 폭발로 파괴되었습니다. 너무 서두른 나머지, 안전조치를 지키지 않았고 그 때문에 산사태가 나서 노동자 수십 명이 죽었습니다. 산이 사람 위로 떨어지며 복수를 한 것입니다. 왕국의 모든 사람이 나서서 어린이들을 구하고 저주받은 바위를 치웠습니다. 왕국에는 곡괭이, 불도저, 다이너마이트 소리만 가득했습니다. 단 하나뿐인 평지에 잔해물이 급격히 쌓이면서 커다란 봉우리가 생겨났습니다. 어린 공주를 살리기 위해 왕국 사람들은 밤이나 낮이나 먼지구름 속에서 살아야 했고, 이 먼지들이 코를 막는 바람에 아이들은 기침을 하며 울었습니다. 5개월이 지나 시야를 가로막는 주요 봉우리들이 제거되자 노동자들은 저 멀리에 있는 거대한 호수를 볼 수 있었습니다. 호수의 광대한 표면은 바다처럼 보였고 그 위에는 우아한 범선이 떠 있었습니다. 화강암 바위기둥만이 수평선을 가리고 있었습니다. 얼른 서둘러야 했지요. 공주의 상태가 악화되고 있었기 때문입니다. 모두 다시 일을 시작했고, 왕은 이 장애물을 먼저 없애는 사람에게 특별 보상금을 주겠다고 약속했습니다. 마지막으로 남은 숲이 베이고, 눈 덮인 평원이 파헤쳐지고, 얼음덩어리들이 제거되고, 봉우리는 언덕으로, 언덕은 급경사진 땅으로, 급경사면은 둥글게 솟은 땅으로, 둥근 면은 평평한 땅으로 바뀌었습니다.

마침내 어느 날 밤, 줄지어 선 거만한 마지막 둔덕들이 끔찍한 소음을 내며 무너졌습니다. 아침이 되자 풍경은 알아볼 수 없을 정도가 되었고 멀리, 아주 멀리 여전히 연기가 피어오르는 폐허 위로 거대한 수면이 마치 땅 위의 눈동자처럼 빛나며 나타났습니다. 사람들은 성에서 가장 높은 탑 꼭대기로 공주를 데리고 가서 천문학자가 빌려준 망원경으로 바다와 해변과 선박을 보여주었습니다. 공주는 기뻐하며 미소 짓다 흐느껴 울고는 숨을 거두었습니다.

나는 막 15세가 되었고, 아버지와의 관계는 끔찍했습니다. 아버지는 나에게 자신의 생각을 강요했고, 엄마한테 소리 지르고 폭력을 휘둘렀습니다. 때때로 나는 아버지가 죽기를 간절히 원했습니다. 양차 세계대전 사이에 태어난 우리 아버지들은 이미 금이 가고 자신에 대한 확신이 없는 가장이었고, 다음 세대가 뒤흔들어 전복시키려는 권력을 상실하면서 폭력으로 보상받으려고 했습니다.

아버지는 냉랭해진 관계를 회복하려고 5월 1일에 리옹에서 출발해 쿠르슈벨로 스키를 타러 가자고 했는데, 그곳은 5월에도 눈으로 덮여 있었기 때문입니다. 우리는 아침 일찍 출발해서 스키 리프트 운영시간에 맞춰 도착했습니다. 1960년대 중반 쿠르슈벨은 아파트 단지도, 독재자처럼 활개를 치는 정치가도, 콜걸의 전세 비행기도 없는 평범한 마을일 뿐이었습니다. 출발할 때는 눈이 물기가 많아 물컹한 느낌이었는데 올라갈수록 단단해졌습니다. 스키장은 그다음 날이면 문을 닫을 예정이었습니다. 아버지는 보통 속도로 스키를 타셨지만 나는 기술 부족을 메울 생각에 속도를 냈습니다. 나는 아버지를 추월해 멀찌감치 따돌리는 것으로 유치한 복수를 했습니다. 젊음으로 아버지에게 대항했습니다. 우리는 태양에 그을린 얼굴로 유쾌하게 집으로 돌아왔습니다. 엄마가 주머니에 선크림을 넣어주었지만 나는 그걸 사용하지 않는 것에 우쭐했고, 그 때문에 엄마는 저녁에 구릿빛으로 그을린 두 얼굴과 마주했습니다.

그해 겨울 크리스마스에 나는 친구들과 함께 쿠르슈벨에 있는 유스호스텔에 갔습니다. 그날 저녁 나는 내게 눈길한번 주지 않는 예쁜 금발 머리 여자애를 보고 있었습니다. 그녀는 나를 스쳐 지나갔고, 변성기를 넘긴 목소리에 어깨가 넓은 '키 큰' 20대 남자가 그녀에게 다가갔습니다. 그가 그녀를 웃게 만들고, 그녀와 노닥거리러 밖으로 나가는 것을 보면서 나의 짜증은 극에 달했습니다. 나는 비틀스의 'A Hard Day's Night'를 반복해서 들었고, 그 노래에서 소리 없는 황홀경을 느꼈습니다.

20년이 지난 후, 나는 아들과 라 플라뉴에 스키를 타러 갔습니다. 아들은 아슬아슬하게 곡예하듯 매끈한 솜씨로 하강했고, 집에 돌아가며 내가 스키를 너무 느리게 탄다고 화를 냈습니다. 나는 35세였는데, 아들은 내가 잃어버린 대담함과 집요함을 갖고 있었습니다. 입장이 바뀌었습니다. 나는 얼마 전만 해도 스스로가 비웃던, 지나치게 조심하는 어른이 되어 있었던 겁니다.

그로부터 다시 30년 후, 2012년에 15살 난 딸과 함께 메리벨에서 사흘을 보냈습니다. 때는 3월 22일로 봄이 시작되었는데 날이 너무 따뜻해 눈이 녹고 있었고, 우리는 뽀득뽀득한 눈가루를 찾아 3,000미터가 넘는 카롱Caron 꼭대기까지 올라가야 했습니다. 햇빛 아래에서 점심 식사로 크로제(프랑스 사부아 지방의 전통 파스타 요리 - 옮긴이), 타르티플레트(감자, 치즈, 양파로 만든 사부아 지방의 요리 - 옮긴이)를 먹는 동안은 숭고한 풍경에 둘러싸인 멋진 순간이었고, 매 끼니 작은 제네피(허브로 만든 증류주 - 옮긴이) 한 잔으로 식사를 끝냈습니다.

하지만 2,000미터 아래에서는 잡초와 암석이 그대로 드러난 구덩이에서 수영을 하는 꼴이 되었습니다. 지쳐버린 나는 딸에게 그냥 혼자 가라고 했습니다. 녹았다가 다시 얼어버린 눈가루, 투명에 가까운 가루가 스키 앞부분에 들러붙은 회색과 흙빛 액체와 뒤엉켜 있었습니다. 지난 60년 동안 겨울은 몇몇 해를 제외하고는 한 달이나 짧아졌습니다. 스키를 타는 건 어루만짐의 행복감에서 가혹함에 도전하는 행위입니다. 등을 대고 버둥거리는 풍뎅이처럼 눈 속에서 비틀거리거나 버둥거릴 위험을 안고, 누르거나 힘을 주지 않고 미끄러져야 합니다. 우아한 움직임으로 당신을 피해가는 사람, 더구나 잘 보이고 싶은 사람 앞에서 넘어진다면 그 얼마나 낭패일까요? 하지만 나는 어린 시절의 관습에 충실하고 싶어서 매년 적어도 며칠간은 꼭 스키를 탑니다. 스키를 타자마자 제설기처럼 눈을 밀어내며 넘어져도 절대 그만두지 않습니다.

나의 산은 친밀하고 겸손하며 부드럽습니다. 나는 그것이 주는 평화로움과 아름다운 색을 사랑합니다. 그 산은 인간에게 친근하고 비옥한 높은 계곡, 아름다운 눈으로 뒤덮인 계곡이 만들어내는 감상적인 풍광입니다. 그곳은 축제처럼 즐거운 분위기에서 가족이나 친구와 함께 시간을 보내는 작은 마을, 오두막이 있는 장소입니다. 나는 여름에 가끔 더 높이 산행을 해도, 자신이 마치 독수리라도 된 것처럼 유세를 떨지 않습니다. 샤무아는 더더욱 꿈도 꾸지 않지요. 나는 잠시 중력을 모면한 존재일 뿐입니다. 산행을 손상시키고, 산행을 빈번하게 치열한 경쟁으로 만드는 우월감이 내게는 없습니다. 등반 학교와 대피소는 테스토스테론을 발산합니다. 가스통 바슐라르Gaston Bachelard(1884~1962, 프랑스 철학자 - 옮긴이)가 언급한 세계에 대한 군주적 관조는 나와 관계없습니다. 나는 눈을 들어 하늘을 올려다보는 것을 좋아하지, 산꼭대기에서 아래를 내려다보는 걸 즐기는 게 아닙니다.

빙하와 돌무더기까지 수평으로 층을 이루는 고지대의 풍경은 고귀하고 보기 드문 풍광입니다. 눈이 인색하게 내리고 때로는 2월까지도 내리지 않으며 우리에게 농간을 부리는 요즘, 눈은 전리품만큼이나 마법적입니다. 하늘에서 떨어지는 눈은 색깔이 요란하게 바뀌는 섬광 같습니다. "눈이 녹으면 흰빛은 어디로 가는가?"라고 셰익스피어는 물었습니다. 스펀지처럼 눈을 빨아들이고 시냇물과 개울로 흘려보내는 땅속으로 가는 것일까요? 책을 읽을 때 다 읽고 넘긴 페이지는 어디로 가는 것일까요? 어떤 페이지가 결과를 가져오거나 망각의 깊은 구덩이로 빠지게 될까요? 얼마나 많은 소설이 우리 안에서 울려 퍼졌으며, 얼마나 많은 육체와 물건이 사라졌을까요?

최근 몇 년 동안 고도가 낮은 지역의 리조트는 오래전부터 준비해온 마을 결혼식처럼 보였습니다. 스포츠용품을 파는 상점을 갖추고, 스키 리프트에 기름칠을 하고, 나사를 조이고, 점검하고, 스키 강사들이 긴장하고 있으며, 휴가 온 사람들이 복작거립니다. 사람들을 기다리게 만듭니다. 자꾸만 도착했는지 살피게 되는 신부와 눈이 없을 뿐입니다. 깃털처럼 가벼운 눈송이가 우리가 있는 곳까지 내려와줄까요? 북쪽 경사면 여기저기에 창백한 얼룩이 있는 마을은 껍질이 벗겨진 두개골처럼 보입니다.

요즘에는 눈을 마치 유물처럼 바라보는데, 눈이 많이 내리면 이상기후거나 시대에 뒤떨어졌다고 생각합니다. 2010년 영국의 한 언론인이 앞으로 영국에 눈이 내리는 일은 없을 거라고 얘기하지 않았습니까? 그로부터 몇 년이 지난 후 나라 전체가 눈 더미에 파묻혔습니다. 눈이 내리면 그럴 만한 계절이니까, 하고 넘기지 않고 신의 선물인 양 받아들이고 있습니다. 봄에는 양탄자처럼 변하고, 푹 꺼진 크림처럼 구멍이 숭숭 뚫린 채 바람에 흔들리는 눈을 볼 수 있습니다. 눈은 소화하기 힘든 입자로 이루어져서 바닷물을 마실 수 없는 것처럼 눈도 마실 수 없습니다. 여름에 등반한 후 미끄러지지 않도록 등산용 피켈(빙설로 뒤덮인 경사진 곳을 오를 때 사용하는 기구 – 옮긴이)을 찍어가며 바짓가랑이에 닿는 눈을 헤치며 내려가는 것보다 더 재미있는 일이 있을까요?

나는 두 시절을 추운 겨울, 얼어붙은 배관, 정체된 자동차의 행렬을 겪었고 그 사이의 변화를 지켜보았습니다. 눈을 미터 단위로 측정하고, 문을 막는 장벽처럼 쌓는 요즘의 인색한 겨울에 비하면 한결 너그러운 겨울이었습니다. 겨울에는 오두막 주변에 눈으로 성벽을 쌓아서 2층으로 직접 들어갈 수 있었고, 지붕은 쌓인 눈 무게에 허덕였고 집 입구를 치우기 위해 몇 시간 동안 삽으로 눈을 퍼내야 했습니다. 모든 걸 덮어버리는 신기한 마법이었습니다. 세상은 몇 주 동안이나 그림자에 파묻힌 유령이 되었습니다. 보통 점심시간에 그쳤다가 오후가 되면 다시 내리던 눈은 수많은 백합꽃이 땅 위에 깔려 있는 것처럼 수천 개의 화환으로 풍광에 스며들었습니다. 산은 쿠션이, 모두가 그 아래에서 편히 쉴 수 있는 솜이불이 되었고, 쪼그려 앉은 자세로 웅크리고 있었습니다. 그 빛나는 흰색은 우리를 내면에서부터 정화해주었습니다.

내가 8세였던 1956년에서 1957년에 걸쳐 찾아온 매서운 겨울에 부모님이 서리 때문에 정화조가 폭발할 수도 있다고 말씀하셨던 기억이 납니다. 정화조가 있었는지도 몰랐던 나는 그날 정화조와 우리의 무능력에 대해 알게 되었습니다. 어느 날 아침 정화조를 비우는 차가 왔고, 곧바로 매우 불쾌한 냄새가 진동했습니다. 작업은 까다로웠는데, 내용물을 퍼내기 전에 우선 해동을 해야 했습니다. 용접기로 가열한 다음 내용물을 치워야 했던 겁니다. 마스크를 쓴 운전사와 그의 조수는 끔찍한 구멍을 활짝 열고 해동 작업을 시작했습니다. 지독한 냄새가 추위에 실려 우리를 덮쳤습니다. 나는 집 안 어디로 피해야 좋을지 몰랐습니다. 냄새가 정말 끔찍했지만 보고 싶었습니다. 수조에서 우리의 배설물이 솟아올라 창피해지지 않을까 상상해보았습니다. 매 순간, 지하실이 솟구치고 눈 덮인 시골을 더럽힐 똥 화산이 터지기를 기다렸습니다. 아버지는 발 벗고 나서서 작업을 지휘했습니다. 막 오후가 되었을 무렵, 액체가 된 내용물이 비워지기 시작했고 오물 수거 차량은 오후 5시에 우리 가족의 배설물을 가득 싣고 떠났습니다. 아버지는 추위에 얼어붙은 일꾼들에게 마실 것을 대접하며 고생에 대한 보답을 했습니다. 우리의 죄는 용서받았고, 우리 집은 더러운 배설물 위에 떠 있지 않고 다시 깨끗해졌습니다. 마치 우리 영혼이 정화된 것 같았습니다.

어린 시절부터 나는 경계선이 뚜렷한 삶, 산봉우리로 둘러싸인 중간 높이의 산, 숲이 가까이 있는 삼림 보호소, 소의 목에서 울리는 종소리, 급류가 쏟아지는 맑은 폭포, 실제 주변 환경의 거대함에 비례해 축소시켜놓은 듯한 인형의 집을 좋아했습니다. 나는 자궁의 닫힌 문, 특히 목가적인 장소에 감사했습니다. 방이 작을수록, 선실처럼 벽에 붙어 있는 침대가 작을수록 더 행복했습니다. 이러한 밀실공포증은 나를 매료시킵니다.

산속 오두막은 농부들이 거주하는 곳에서 관광지로 변했지만, 그곳은 추위와 폭풍에 견디도록 최대한 붙어 있게 설계한 검소하고도 풍부한 공간입니다. 천장에 가까워질수록 표면적이 작아지는 천막 모양 건축물은 '봉긋 솟은' 화려한 겸손함을 갖추고 있습니다. 모든 면적이 기능을 갖고 있습니다. 조각이 새겨진 상인방上引枋(문이나 창 위의 횡목 - 옮긴이), 몇몇 방에 있는 4개 기둥이 달린 침대, 한여름 발코니에서 색색의 향연을 펼치는 꽃 화분이 유일한 사치품입니다. 이 오두막은 집에 은거하며 사는 삶이 진정 승리한 거라고 말해줍니다.

시인 랭보는 말했습니다. "난 겨울이 두렵다. 편안함의 계절이기 때문이다. 난 겨울을 붙잡았다." 영혼의 우울함과 감기를 말하기 위해 낭만 시인은 이렇게 한탄했습니다. 나의 경우는 완전히 반대입니다. 나는 사랑하는 사람들과 좋은 책이 있는 따뜻한 감금의 시간인 겨울을 좋아합니다. 나는 크리스마스트리 주변에서 보내는, 가능하면 독일어로 된 캐럴을 들으며 보내는 크리스마스를 좋아합니다. 기독교 신자는 아니지만 어린 시절에 대한 기억 때문에 문화적으로는 기독교인입니다. 나는 라디에이터 위에 앉아 그르렁거리며 응석을 부리는 늙은 고양이 같습니다. 낯선 곳에 가려면 나에게는 피난처가 필요합니다.

　오두막은 머리 위에 넓은 공간이 없어도 사람의 육체와 잘 어우러지는 것 같습니다. 좁은 공간, 낮은 천장, 벽난로 주변의 검게 변한 벽돌 등이 그렇습니다. 오두막의 문 위쪽에서 종종 라틴어로 신에게 간청하는 기도문을 볼 수 있는데, 덧없는 삶과 꼭 필요한 보호에 대한 기도입니다. 오두막은 요람이며 무덤이고, 근원으로 돌아가는 삶이자 웅크린 마멋 같은 존재, 식량과 옷으로 가득 찬 여행 가방이고, 거칠지만 안정적인 거대한 나무 탁자, 통나무와 건초, 절인 고기를 쌓아놓은 가까이 있는 전원주택, 이웃의 작은 쉼터입니다. 또 들보의 부드러움 속에서 다락방으로 이어지는 계단이나 사다리이며, 사람과 함께 숨 쉬고 살아가는 참나무, 삼나무, 오엽송, 가문비나무입니다. 그리고 과거, 특히 스위스와 오스트리아에서는 커다란 주철이나 도기 냄비를 사용했는데, 아마추어들이 그 위에 그림을 그렸습니다. 사람들은 그 인위성에 매료되어 더 소중히 여겼습니다. 나무는 단단하고 결절이 있지만, 그 결절은 우리를 보호합니다. 나무는 기억을, 또 바보 같은 견고함 외에는 아무런 의미도 없는 콘크리트와는 다른 따뜻함을 간직하고 있습니다. 오두막은 축소된 모형의 삶인데, 특정 산의 풍광이 장난감 세계를 재현한 것처럼 보이는 것과 같습니다.

스위스가 이런 완벽한 풍광을 지니고 있는 듯한데, 비탈길을 조금씩 올라가는 작은 궤도 열차, 고도를 달리는 바퀴 달린 썰매, 2,000미터 또는 3,000미터 고지대에 자리 잡은 엄청난 호텔과 마을이 그렇습니다. 인간은 살아남기 위해서 산봉우리의 비인간적인 웅장함에 맞서 싸우고, 움츠러들어야 했습니다. 나의 상상 속에서 사부아 지역, 스위스, 티롤 지방, 아오스타 계곡은 자연의 야생성을 어린아이 방크기로 축소한 장난감처럼 예쁜 풍광을 지녔습니다. 한때 가난과 검소함의 대명사였던 농장―사람들이 소 떼와 같이 살았던―은 도시 사람들을 위한 비싼 딸랑이가 되었습니다. 오래된 것처럼 보이게 만든 통나무로 백만장자를 위한 부자연스러운 거주지를 대량생산하면서까지 투박한 불편함은 사치가 되었습니다.

1867년 1월, 에밀 졸라Émile Zola는 파리에 눈이 내렸다는 멋진 기사를 쓰고 자신이 '마치 바보처럼 행복감을 느꼈다'는 걸 인정했습니다. 겨울은 도시에 멋진 선물을 안겨주었고 '순결하고 순수한 양탄자'를 깔아주었습니다. 거리는 '넓은 흰색 새틴 리본'으로 변했고, 나뭇가지들은 '가벼운 레이스'로 뒤덮였습니다. 그 후 파리에 눈 내리는 횟수는 줄어들었고, 내린다 해도 겨우 몇 시간뿐이었습니다. 눈이 오자 활주로가 흰빛으로 변하고 세상이 모습을 바꾸었습니다. 아이도 어른도 모두 본능적으로 이전의 영혼을 재발견하고 있습니다. 눈싸움, 썰매 타기, 심지어 2021년 1월에 그랬듯이 대담한 사람들은 넘어지면서도 스키를 타고 몽마르트르 언덕을 내려갔습니다. 눈, 그것은 환희이고 영혼을 고양시킵니다. 하지만 잿빛은 재빨리 다시 자라고, 설화석고(반투명하고 흰색이나 분홍빛을 띠는 돌 – 옮긴이)의 면류관은 진흙투성이 개울로 변합니다. 흉터는 순결을 더럽히고 광채를 죽입니다. 왜 흰색은 나이에 상관없이 모든 사람에게 행복감을 주는 것일까요? 흰색은 젊음의 치료제이며 우리가 먹고, 반죽하고, 거주하고, 그 위에서 미끄러지는 실제적인 빛입니다. 눈은 변함없는 색깔이며, 땅을 환하게 비추기 위해 떨어집니다. 그리고 손에 닿는 순간 액체가 됩니다. 하늘 전체가 이 기적에, 이 흐릿한 선명함에 참여하고 있습니다.

2021년 1월, 마드리드에는 필로메나Filomena라는 예쁜 이름이 붙은 폭풍우 때문에 눈 더미가 몇 미터나 쌓이고 섭씨 영하 10도의 추위가 찾아와 도시 전체가 일주일 동안 마비되었습니다. 도시 사람들이 추위에 덜덜 떨며 스키를 타고, 썰매를 끌고, 눈 신을 신고 다니고, 모피 사냥꾼이 되어야 했던 유백색의 긴 휴식기였습니다. 봄에 눈이 녹는 건 또 다른 기적입니다. 작은 샘들이 깨어나 바스락거리며 수다를 떨고, 사프란이 싹을 틔우고, 흰색 양탄자가 벗겨지고, 불에 탄 풀이 녹색으로 변하고, 알록달록 다채로운 색이 길고 긴 시련기를 끝내고 돌아옵니다. 마멋이 땅굴 밖으로 주둥이를 내밀고, 곰은 대낮의 존재를 기억합니다. 동면이 끝난 후의 부활입니다.

눈이 최면을 거는 것처럼 끊임없이 내리면 자발적 마취 상태인 졸음에 빠진 우리 눈은 마비됩니다. 길 잃은 등산객, 지친 산행객이 추억처럼 길을 지워주는 이불의 온기에 누워서 눈을 감고 싶은 유혹을 느끼는 것을 우리는 이해합니다. 치명적인 마비 상태라고 할 수 있습니다. 눈 속에서 죽는다는 건, 흰색 얼음장처럼 차가운 행복 속에서 죽는 것입니다. 그것만이 삶과 죽음, 수면과 영원함, 쇠약과 부활의 얇은 경계를 소멸시킵니다.

2장

인간은 왜 산에 오르는가

"계단을 오를 때, 우리는 계단을 오르기 시작할 때보다 막바지에서 항상 더 지친다. 그렇다면 마지막 발걸음으로 등반을 시작하고, 첫 단계에서 마무리하는 건 어떨까?"

— 피에르 다크 Pierre Dac

짐을 잔뜩 짊어지고 산 정상을 향해 오르는 사람들이라면 어느 순간 스스로에게 이런 질문을 던지게 됩니다. '내가 지금 뭘 하고 있는 거지?' 절벽에 매달려 발아래에는 허공만 보이고, 다른 등반객들이 재촉하는 와중에 자신에게 질문을 합니다. '아니, 정상에 도착해서 잠깐 머무르고는 다시 내려올 건데 이렇게 고생하는 게 도대체 무슨 소용이지? 정상에 도착한 은혜의 순간 때문에 이 모든 고생을 감내할 가치가 있는 걸까?' 그나마 위로가 되는 점은 위대한 사람들도 똑같은 질문을 자신에게 했다는 것입니다.

1983년 라인홀트 메스너 Reinhold Messner와 미하엘 다허 Michael Dacher가 함께 초오유산(히말라야에 있는 8,201미터의 산으로 네팔과 중국 티베트 자치구의 국경 지대에 있다 – 옮긴이)의 정상에 있는데 한스 카머란드Hans Kammerlander라는 사람이 완전히 기진맥진해 말까지 더듬으며 물었습니다. "우린 무엇을 찾아 여기에 온 걸까요?"[1]

대답은 간단하지 않았습니다. 전지전능한 에고의 설명으로는 충분하지 않습니다. 오만한 존재는 자신을 최후 상태에 두지 않습니다. 도착에 대한 보상은 적어도 등산하면서 겪은 고통을 대체해야만 합니다. 정상에 대한 열망이, 비록 수긍은 했지만 정상에 오르느라 감수한 희생보다 더 크기를 바랍니다. 일어날 가능성이 있는 죽음이 생존보다 더 낫다는 건 대단한 미스터리입니다.

산은 존재의 매력적인 부조리를 완벽하게 보여줍니다. 우리는 언젠가 죽기 위해 태어났습니다. 두 개의 무無 사이의 짧은 시간 동안, 우리는 다시 내려가기 위해 오릅니다. 우리가 삶에 대해 아는 것보다 더 많은 산을 오르는 경우를 제외하고는요. 언덕 위로 바위를 밀어 올리는 건 시시포스가 아닙니다. 바위가 계속해서 오르고 또 오르도록 시시포스를 밀어내는 것입니다. 알베르 카뮈Albert Camus는 시시포스가 행복할 거라고 상상해야 한다고 말했습니다. 폴 발레리

---

1   Reinhold Messner, *Le Sur-vivant*, Points-Seuil, 2017, p. 231.

Paul Valéry라면 이렇게 대답했을 것입니다. 무엇보다 근육질의 시시포스를 상상해야만 한다고.

모든 독실한 신자들은 알고 있습니다. 작은 언덕을 기어오르며 주변에 펼쳐진 청록색과 밝은 분홍색의 빛나는 절벽을, 그리고 그림자를 벗어나는 계곡을, 하늘에 떠오르는 태양을 바라보는 건 벅찬 행복입니다. 자신에게 상응하는 무언가를 성취했다는 단순한 기쁨입니다. 역설이라고 할 수 있는 건, 우리가 풍요로워지기 위해서는 자신을 소진해야 한다는 것입니다. 열정이 황홀감으로 변합니다. 중력의 법칙을 거스르기 위해서라면, 누가 물집과 경련을 마다할까요? 세상은 언제나 정확히 그 모습이기 때문에 산을 오르면 눈으로 직접 본 것이 자꾸 방해가 됩니다. 보는 건 쉽지만 등반은 어려운 일입니다.

가스통 레뷔파Gaston Rébuffat(프랑스 산악인 – 옮긴이)는 "처음으로 시선이 가닿는 곳으로 자신의 몸을 이끄는 것"이라고 표현했습니다. 인간이란 존재가 이동한다면 그것은 사건의 주체가 되기 위해서이며, 관객 역할로 축소되어서는 안 됩니다. 손가락과 몸통을 통해 돌과 교감하고, 허벅지를 통해 경사로와 교감하는 것. 나는 그것보다 더 강렬한 행복감

을 알지 못합니다. 사람들은 애써 견뎌내지만 그렇게 견뎌
내는 것을, 땀 흘리는 것을, 기진맥진 지치는 것을 즐깁니
다. 급경사의 습격을 받고, 기복이 심한 곳을 지나거나 왔던
길로 후퇴하고, 멀리 우회하고, 방향을 틀어서 마침내 정상
을 향해 조심스럽게 비상하는 건 무엇보다도 자신에 대한,
꾸준함에 대한 승리입니다.

몸의 고달픔을 기쁨으로 바꾸는 건 산이 지닌 수수께끼
입니다. 우리는 자신의 한계를 뛰어넘고 힘을 보강합니다.
우리 의지가 벽에 부딪칠 때 그 의지를 반드시 관철시키게
만듭니다. 산을 오르는 건 금욕주의와 연관됩니다. 격하게
뛰는 심장, 불타는 듯한 폐, 자꾸만 발길을 흐트러뜨리는 연
약한 무릎, 걸을 때마다 신발에 쓸려 찢어지는 발가락 등의
모든 고통은 목표를 향하기에 의미가 있습니다. 이것은 운
명이자 평범한 등산객이 얻은 흔적입니다. 이것은 사랑이
새겨진 흔적, 근육을 통해 쌓은 지식입니다. 휴식이 마음을
약하게 만들 때 시련으로 강해집니다. 고생을 하지 않는 건
기란 그저 건강을 위한 산책일 뿐입니다.

나 같은 초보자에게도 등산은 새로운 차원으로 들어가
는 것입니다. 지저분해져도 참고 혼잡함과 불편함에 무심해
지는 건 활동적인 느낌에 대한 확신이 있어서입니다. 여러

상처는 등산객 몸에 십자가의 고난처럼 남습니다. 하지만 우리는 자발적으로 십자가에 매달리고, 한번 자리에 앉으면 일어날 줄 모르는 게으른 사람이 되지 않으려 대가를 치르고 있습니다.

두 가지 고달픔이 있는데, 고통을 받는 것과 선택을 받는 것입니다. 즉 하나는 우리를 힘들게 하는 고달픔이고, 다른 하나는 변하는 고달픔입니다. 고달픔이 없으면 원대한 일은 이루어지지 않습니다. 신발 안에 짓눌린 발의 리듬에 신경 쓰고, 물집과 땅기는 힘줄도 생각합니다. 자신을 발휘하고 자신을 넘어서는 것을 즐기는 의지에 필요한 비용입니다. 산 위에서는 속박과 행복이 같은 경로를 지나갑니다. 우리를 행복하게 하는 것은 갈등하고, 몸에 난 상처 자국을 일깨우면서 시작됩니다. 완전히 탈진하면 막다른 골목에서, 어려운 구간에서 자신을 끌어내는 힘의 원천을 스스로 발견합니다. 등반에 관한 모든 위대한 이야기는 바로 그 순간에 일어나는 기적적인 부활을 강조합니다.

고통에는 일종의 달콤함이 담겨 있습니다. 만약 무릎이 아프지 않다면, 숨이 가쁘지 않다면 등반이 아닙니다. 너무 쉽고 편하면 빈약할 것이고, 너무 어려우면 보람이 없을 겁니다. 몸은 완전히 쇠약해진 후에야 재생됩니다. 산은 다리, 등, 몸통을 통해 당신과 일체화됩니다. 가장 좋은 의미의 훈련인 셈입니다. 사람들이 말하듯 스스로 지불해야만 합니다. 그런데 왜 몸을 학대하는 걸까요? 고통 속에서만 기쁨을 느끼고, 큰 언덕은 다리의 윤활유를 요구하기 때문입니다. 힘들게 얻은 기쁨은 그냥 주어진 기쁨보다 큽니다. 성공적인 등반만큼 해냈다는 성취감을 선사하는 일은 거의 없습니다. 높은 산악 지대에서 2~3일 지낸 후, 둥근 고리 모양과 굴곡 무늬를 그리며 펼쳐진 한없이 긴 오솔길을 따라 산을 내려가는 것, 계곡에서 솟아오르는 푸르스름한 안개, 초원의 강렬한 녹색 빛 위에 드러난 오두막을 바라보는 것은 비교할 수 없는 기쁨입니다. 우리는 지쳤지만 기쁨에 넘치고, 아주 우쭐해집니다. 산은 나의 기쁨이자 치료약입니다.

나는 글을 쓰는 등반가도, '등산을 하는 작가(폴 요네Paul Yonnet, 프랑스 사회학자 - 옮긴이)'도 아닙니다. 그저 산꼭대기를 서성거리는 사람입니다. 어린 시절을 산악 지대에서 보낸 후, 뒤늦게 산악인이 된 나는 10대에 우아장(프랑스 알프스 지역 - 옮긴이)에서 암벽등반을 조금 했습니다. 지금은 세상을 떠나고 없는 친구인 로랑 오블린 덕분에 40세에 등반을 다시 시작했는데, 나는 시간과의 전쟁에서 이미 패배한 군인이 된 듯한 기분이었습니다. 적어도 해볼 만한 가치가 있었는데 우리는 등반에 성공하기 위해 산을 오르는 게 아니라, 계속 오르기 위해 산행을 합니다.

독일의 전 총리 헬무트 콜Helmut Kohl은 자신이 늦게 태어 난 것이 은총이라고 얘기한 적이 있습니다. 너무 늦게 태어 나서 나치 군대에 징집되지 않았던 겁니다(실제로는 그가 날 짜를 가지고 약간 장난친 걸 우리 모두 알고 있습니다). 하지만 휴식을 취해야 할 인생의 계절에 찾아온 뒤늦은 발견을 어 떻게 은총이라고 하지 않을 수 있을까요?

불가능한 도전을 시작하기에 늦은 때란 없습니다. 손에 닿지 않는 벅찬 일은 포기하고, 자신의 능력에 맞춰 목표를 설정하면 됩니다. 70세건 20세건, 우리는 거인의 발치에서 움직이려고 애씁니다. 그러나 다리가 무감각해지고 관절이 삐걱거립니다. 산행은 자신에게 스스로 멍에를 씌우겠다고 결정하는 자발적 예속입니다. 이는 세상과의 우월한 우정과 다르지 않습니다. 나는 온화하고 유순한 산악 지대에서 자 랐기에 항상 험한 산을 두려워했습니다. 그렇지만 정작 나 를 매혹하고, 내 삶을 거부하는 것으로 삶의 반경을 넓히려 는 유치한 욕망으로 나를 밀어붙이는 건 바로 그 악조건의 산들입니다.

스키를 타는 사람은 내려가기 위해 산을 오르고, 등반 가는 올라가기 위해 내려갑니다. 이 두 행위는 서로 다릅니다. 클라이밍 스킨을 입고 몇 시간 동안 오르고 난 후에 만나는 협곡과 만년설이 넓게 펼쳐진 처녀지는 "할 수 있다면 날 공격해봐"라고 소리 없이 외칩니다. 이 차디찬 이불 속에 비밀스럽고 아름다운 선을 남기라고 채근합니다. 스키의 긴 날은 공간을 삼키고, 불룩 솟아오른 땅은 푹 꺼진 웅덩이를 비웃으며 어떤 방해도 받지 않습니다. 그리고 눈에 덮여 매끄러워진 땅 표면을 위험하다고 느끼지 않게 해줍니다. 장애물이, 좁은 산길이, 아찔한 비탈이 조롱하고 있다고 생각하도록 합니다. 시험에 들기 전에 멈추지 않는다면 말입니다.

나는 수직으로 선 영웅이 지닌 우아한 은총에, 익스트림 스키어들의 정확한 안무에 감탄합니다. 안셀름 보Anselme Baud(프랑스의 저술가이자 산악가 – 옮긴이)는 "흰색의 모든 것이 내려온다"고 말했습니다. 그러나 나는 그걸 꿈도 꿀 수 없습니다. 그들의 대담한 행동을 생각하는 것만으로도 겁에 질려버립니다. 그들은 세계를 비물질화하고, 공간과 시간의 경계를 뒤집습니다. 보드 위의 별똥별, 무임승차한 사람은 새로 변해 허공에서 춤추고, 바위투성이 둔덕을 넘어 훨훨 날아갑니다. 그들은 육체의 도움으로 육체를 지우고, 중력의 법칙을 거스르며 물질을 액체로 만듭니다. 무게를 재는 것을 멈추고, 주변의 장애물을 치우며 날아갑니다. 바스

인생의 비탈에서 흔들리지 않도록

락거리는 가벼운 스침이 태만을 이겨내고, 속도는 우툴두툴한 거친 표면을 이깁니다. 상대의 공격을 살짝 피하는 동작의, 완전한 안도감을 주는 위대한 유토피아입니다.

산에서는 속임수가 통하지 않습니다. 가파른 비탈길을 마주하면, 벼랑 아래에서 당신은 알몸입니다. 우리는 최악의 시험에 직면했습니다. 나는 결정적인 순간에 꽁무니를 빼는 허풍쟁이들을 잘 압니다. 모든 산의 정상은 그곳을 오르는 사람을 위해 짧은 순간 앤디 워홀Andy Warhol의 작품이 됩니다. 우리는 자신의 약점을 받아들이고 소박한 목표로 스스로를 제한하면서 앞으로 나아갑니다. 우리가 측정할 수 있는 무한이란, 먼지로 선을 이룰 때까지 가늘어지는 좁은 길, 이끼 아래의 땅, 그 안으로 미끄러지고 싶고 두렵지만 어떤 대가를 치르더라도 통과해야만 하는 갈라진 틈입니다. 나중에 다시 시작하더라도 일단 포기할 줄 아는 것이 지혜입니다. 울퉁불퉁한 길을 걷다 보면 금방 절뚝거리게 되지요. 관절반월이 손상되기 때문입니다. 무릎에 무리가 가는 걸 막아주고 부드럽게 만드는 관절반월에 염증이 생기면 자상을 입고 무릎을 굽히고 펴기 힘듭니다.

왜 산에 오르는 것일까요?[2] 이 질문에 대해선 영국인 조지 맬러리George Mallory [3]가 가장 인상 깊은 대답을 했습니다. 왜 에베레스트산에 오르기를 원하냐는 질문을 받았을 때 그는 "산이 거기에 있으니까요!"라고 말했습니다. 이 대답은 보기보다 복잡합니다. 조지 맬러리는 에베레스트산에 사로잡혀, 아니 온통 정신을 빼앗겨 1921년과 1922년에 두 번이나 그곳을 조사하러 갔고, 1924년 37세 나이에 동료 앤드루 어빈Andrew Irvine과 함께 그곳에서 사망했습니다. 그들이 정상에 올랐다는 증거는 없었습니다. 하지만 그에 관련된 이야기는 수많은 소명 의식을 북돋았습니다. 75년 후인 1999년 5월 1일에는 완벽하게 보존되어 미라가 된 그의 시신이 해발 8,300미터에서 발견되었습니다.

우리는 수평적인 삶, 기복이 없는 평평한 들판을 벗어나기 위해 산에 오릅니다. 우리보다 먼저 많은 사람들이 열정에 공감하며 산을 올랐기 때문입니다. 우리는 산에 오르기 전에 이미 산과 사랑에 빠집니다. 이름을 반복해서 말하고, 지도나 화면을 보며 구불구불한 길을 따라가고, 산을 공부하고, 섬세한 산길을 음미하며 자세히 관찰하고, 연애를

2   이 주제에 관한 파트리크 뒤푸에Patrick Dupouey의 훌륭한 책을 소개합니다. *Pourquoi grimper sur les montagnes?*, Guérin, Chamonix, 2012.

3   1886~1924.

시작하기 전 사랑에 빠진 사람처럼 도착할 때와 돌아올 때를 예상해봅니다.

높은 산에서 우리는 무엇을 새롭게 배우게 될까요? 그 산의 취약점과 강함입니다. 내가 산을 좋아하는 이유는 바다나 시골과 달리 오직 산만이 내게 육신이 있다는 느낌을 주기 때문입니다. 산의 오솔길이나 암벽 위에 있으려고 애쓰는 것, 그것이 살아 있다는 증거입니다. 척추뼈에 힘을 줄 때 귀머거리가 되어야 하고, 소멸 직전까지 갔다가 변신해 자기 능력의 최전선에 머물다가 되돌아올 줄 알아야 합니다. 우리는 당신을 아래위로 훑어보는 왕관을 쓴 수많은 얼굴처럼 산이 모여 있는 것을 봅니다. 우리는 도전할 준비가 되었습니다. 등반은 종교적 행위나 마찬가지이며 산은 성령입니다(로버트 맥팔레인Robert Macfarlane [4], 영국의 작가이자 산악가 – 옮긴이).

높은 산은 보이지 않는 악의의 세계입니다. 아침에 떠오른 태양이 청명한 날이 될 거라고 착각하게 만들지만, 정오부터 솜털 뭉치 같은 심술궂은 구름이 온 산을 덮습니다. 날씨는 급박하게 변하고 또 변합니다. 한 시간도 채 안 되어

---

[4]   Robert Macfarlane, *Mountains of the Mind, A history of fascination*, Granta, 2003.

목가牧歌가 악몽으로 변할 수도 있습니다. 눈부신 하늘이 검붉게 물들고, 어떤 비탈길은 크라프트 종이 색을 띱니다. 이 비현실적인 공간을 되도록 빨리 떠나야 합니다. 아름다운 전망이 우리를 착각하게 만듭니다. 돌풍이 몰아치는 와중에 찾아오는 평화의 순간 때문에 속는 것이지요. 폭풍이 몰아치면 두려움에 떨게 됩니다.

나는 폭풍이 몰아치는 가운데 해발 3,000미터 높이에 있는 에크랭Écrins(프랑스의 에크랭 국립공원을 말함 – 옮긴이)의 피난처에서 산을 내려온 것을 기억합니다. 우리 일행은 20명 정도였는데 격렬한 돌풍 속에서 달려야 했습니다. 비바람이 어찌나 거세던지 공포가 밀려왔습니다. 우리 중 누구든 번개의 표적이 될 수 있었고, 나는 이기적이지만 내가 번개를 맞을 확률이 20분의 1밖에 되지 않는다고 스스로에게 되뇌었습니다. 순간순간 옆에 있는 누군가가 쓰러지는 걸 본 것 같았습니다. 어떤 사람들은 체중이나 불편한 신발 때문에 넘어졌다가 일어났습니다. 천둥이 칠 때마다 나는 고개를 숙이고 번개에 감전될까 봐 두려움에 떨었습니다. 엄청난 굉음과 함께 반대편 경사면에서 수많은 돌이 떨어져 내렸습니다. 나는 산에서 번개가 임박했을 때 나타나는 전조, 즉 따닥따닥 소리를 내는 피켈, 벌 떼가 윙윙거리는 소리, 지독한 유황 냄새를 떠올렸습니다. 한 시간 후에 나는

인생의 비탈에서 흔들리지 않도록

흠뻑 젖은 채 자연의 분노가 나를 선출하지 않은 것에 실망하며 도착했습니다.

스피노자는 몸이 무엇을 할 수 있는지 아무도 모른다고 했으며, 이 말을 두고두고 반복했습니다. 우리가 삶의 한복판에서 발견할 수 있는 또 다른 법칙은 더 많은 피로감을 통해서만 피로와 싸울 수 있다는 것입니다. 휴식이 모든 고통을 보상해줄 거라고 믿는 건 이치에 맞지 않습니다. 이탈리아 철학자 노르베르토 보비오Norberto Bobbio는 "나는 나를 잃을 때까지 달린다. 내가 달리기를 멈추는 그곳에서 나를 잃어버린다"라는 멋진 말을 남겼습니다. 산을 오르면서 우리는 겸손한 마음으로 이 경험적 진실을 발견합니다. 즉 우리는 우리가 생각하는 것보다 더 많은 것을 갖고 있습니다. 우리의 근육, 심장, 폐는 그것들이 그토록 풍부하다는 사실에 놀라고 있습니다.

나이가 들어서도 우리 몸뚱이는 여전히 활력이 넘쳐나고 육신의 긍정적인 힘을 강요합니다. 또 다른 육체가 우리가 의심하지 않는 우리의 몸에서 태어납니다. 그리고 이 육체는 노력과 즐거움으로 우리를 놀라게 합니다. 사람은 70세가 되어도 놀라운 쾌감에 압도되거나 초인적 능력을 발휘할 수 있습니다. 근육이 극단으로 치달아 자신의 힘을 되찾을 때, 때로는 더 강한 에너지를 깨닫기 위해 자신을 소진해야 합니다. 산은 우리를 확장시키고 가장 좋은 날에는 우리를 우리 자신 너머로 들어 올립니다.

스피노자는 또 이렇게 말했습니다. "나의 힘을 키우는 모든 것을 기쁨이라 부르고, 힘을 감소시키는 모든 것을 슬픔이라고 부른다." 영혼이 위대한 일을 이룰 수 있도록 하는 것이 육신의 에너지입니다. 여기에 섬세하게 조정해야 할 것이 있는데, 처음에 너무 많은 힘을 가하면 소진해버릴 수 있고, 아끼다 보면 약해질 위험이 있다는 겁니다. 이 방법은 간헐적으로 온전히 힘을 가하라고 요구합니다. 자제해야 하는 것이지요. 기수는 말 없이는 아무것도 할 수 없습니다. 나이를 먹으면서 에너지를 절약하는 법을 배우게 되지만, 에너지를 절약하는 건 필요할 때 몸을 아끼지 않기 위해서입니다.

나이를 먹는다는 건 아무리 기상천외한 욕망 앞에서도 포기하지 않도록 합니다. 산은 산을 사랑하는 사람들에게는 그 욕망들 중 하나입니다. 늙는다는 건 문이 하나씩 차례로 닫히는 긴 복도를 걷는 것과 같습니다. 위대한 도전은 짙은 암흑이 오기 전에 최소한 문을 하나쯤은 열어두는 것입니다. 현기증이 날 정도로 가파른 절벽을 기어오르는 80대

노인을 바라보는 건 내게는 엄청난 격려가 됩니다. 전직 철도 노동자이자 산악인인 스위스의 마르셀 레미Marcel Rémy는 98세 나이에 매주 암벽등반을 연습하는 체육관에서 모든 길을 마치 풀어야 할 퍼즐처럼 연구하며 등반하지 않았습니까? 그는 그 나이에도 멈출 생각이 전혀 없었습니다.

등산객을 움직이게 하는 것들, 자기에 대한 사랑, 때로는 추악한 결점을 미덕으로 바꾸는 삶을 무시해서는 안 됩니다. 16년 전쯤 8월 어느 날 아침, 친구들과 함께 콜 디조아르에서 케라스(프랑스 오트-잘프에 위치한 계곡 - 옮긴이)의 3,325미터에 있는 로슈브뢴 봉우리를 향해 출발했습니다. 우리는 어스름한 분위기에서 거대한 돌길을 지나며 오랫동안 '풍광에 감탄하며' 4시간에 걸쳐 정상에서 100미터 떨어진 지점에 올랐습니다. 높은 곳에 오르면 가장 가까이 있는 산은 멀어지고 가장 멀리 떨어진 산은 가까이 다가오는 것처럼 느껴집니다. 마음대로 늘거나 줄어드는 공간의 아코디언에 몇 킬로미터가 복종이나 하는 것처럼 모든 거리가 왜곡됩니다. 도착했다고 생각되지만 내려가는 비탈길, 계곡, 급류가 목적지와 당신을 갈라놓곤 합니다. 매우 노련한 동료들은 산 정상에 다다르기 전에 꼭 지나야 하는 마지막 길고 가파른 바위 절벽의 갈라진 틈으로 올라갔습니다. 나는 주눅

이 들었고, 할 만큼 다했고, 더 높은 곳으로 올라갈 수 없다고 느껴서 동료들을 기다리기로 했습니다. 그때 어느 중년 남자가 바위 위에 올라가 내게 인사를 하고는 놀라서 물었습니다.

"안 올라오세요?"

"아, 아, 올라가야죠. 잠시 경치를 보고 있었어요."

그가 말을 끝내자마자 나는 커다란 바윗덩어리로 막혀 있는 듯 보이던 좁은 길로 들어섰는데, 15분 후 정상의 능선이 나타났습니다. 그때까지의 모든 노력이 보상받을 만큼 숭고한 장관이 펼쳐졌습니다. 나는 다시 겁쟁이처럼 보일지도 모른다는 두려움 때문에 계속 앞으로 나아갔습니다. 길을 되돌아 나오곤 했던 몇몇 오르막에서는 숨이 턱까지 차올랐습니다. 되돌아오느라 죽을 고생을 해야 했던 힘든 산행을, 나는 그저 다른 사람들에게 들키지 않으려고 계속했던 것은 아닐까요?

모든 등반은 공포의 근원입니다. 가파른 절벽, 날카로운 능선의 가장자리, 공중 횡단. 내가 마비된 듯 옴짝달싹 못하는 곳들입니다. 나는 조롱에 대한 두려움 또는 잠깐의 두려움이 내게 무엇을 앗아갔는지 모릅니다. 절룩거리며 걷고,

인생의 비탈에서 흔들리지 않도록

다리가 후들거리고, 힘을 잃고 맙니다. 나는 오직 자존감에만 의지해 머리를 높이 들고 마음을 가볍게 하며 내려오고 싶은 욕망을 공포와 맞바꾸고 있습니다. 우스꽝스럽게 들려도 어쩔 수 없습니다.

어떻게 바위 더미가 열정의 대상이 될 수 있습니까? 이것은 계몽주의 이후의 미의식에 대한 이야기입니다. 수백 년 동안 수정이나 은을 추출하고 빈약한 수확물을 캐내기 위해서가 아니라면 그 누구도 알프스 산봉우리에 오르거나 그 산들을 보고 감탄하는 것은 꿈도 꾸지 못했습니다. 이 저주받은 무시무시한 곳에서는 가난한 사람, 가축을 키우는 사람, 밀수업자, 사냥꾼만이 살았습니다. 그저 대담한 사람 몇몇만 산을 올랐습니다. 1336년에 페트라르크Pétrarque가 방투산을, 1492년에 기사 앙투안 드 빌Antoine de Ville이 프랑스왕 샤를 8세의 명령에 따라 베르코르 산맥(험준한 고원과 산으로 이루어진 프랑스 산맥 - 옮긴이)에 있는 에귀유산에 올랐지만, 앙시앵 레짐Ancien Régime(구체제, 프랑스혁명 이전의 정치 및 사회제도) 말에 두렵고 무서운 산이 행복한 산이 되기 위해서는 산에 대한 감성 전체가 달라져야 했습니다. 여름이 찌는 듯 더워지고 해변에는 사람들이 넘쳐나서 아마도 금세기에는 산 정상을 향하는 발걸음이 두 배가 넘을 것 같습니다.

왜 산을 오르는 것일까요? 산이 우리를 부르기 때문입니다. 어떤 산과 산맥은 그 안에서 길을 잃고 자신을 탐색하라고 우리를 초대합니다. 무엇으로 부르는 것일까요? 산은 그것을 말해주지 않습니다. 암석의 치밀한 무관심에 해독해야 할 메시지가 있을지도 모릅니다. 산에서 멀리 떨어져 있으면 옳든 그르든 우리는 위축됩니다. 산은 우리를 격려하는 만큼 겁먹게 합니다. 종교적 의미에서 고양입니다. 산은 우리가 있는 곳까지 내려와 우리와 같은 높이에 있는 것이 아니라, 반대로 자신의 오만함을 조금도 잃지 않으면서 우리의 침략을 승인하는 것입니다. 언제든지 철회할 수 있는 잠정적 승인입니다.

중요한 건 '끈기 있게 밀고 나갈 수 있는' 체력과 능력, 산을 오르려는 욕망입니다. 시시각각 변하는 풍경과 높이에 따라 달라지는 다양한 관점은 노력에 대한 보상입니다. 정상까지 걸어왔던 길을 내 발 아래에서 내려다보는 즐거움도 있습니다. 체스판이 다르게 재배치되고, 방금 지나왔던 작은 호수, 두 바위 사이에 자리잡은 임시 피난처, 까다로운 등산로는 이제 대수롭지 않아 보입니다. 회화, 사진, 위성사진 때문에 우리는 덜 놀라고, 우리의 인식은 초기화됩니다. 하지만 눈으로만 본 산을 직접 경험해보면 그 차이를 실감할 수 있습니다. 천상의 영역까지 우리의 영혼을 열기 위해 우리는 산을 오릅니다.

모든 등반은 영적이고 물질적입니다. 산은 존재의 또 다른 영역입니다. 초월적 존재가 광물 형태로 실존한다고 할까요? 산은 우리의 가장 위대한 기쁨, 즉 침묵, 야만의 시, 풍경과 교감하기 위해 새로운 풍만함을 발견하는 것을 허락합니다. 산은 모두를 위한 사치와, 가장 보잘것없는 사람들에게 제공되는 아름다움의 오래되고 혁명적인 꿈을 선사합니다. 오늘날 사치란 모든 희귀한 것에 있습니다. 불가침의 공간, 다시 발견한 느림, 명상, 시간에 얽매이지 않는 삶의 즐거움, 걸작과 영혼의 향유, 돈으로 살 수 없고 말 그대로 가격을 매길 수 없는 여러 특권이 그렇습니다.

호기심보다는 열정이 있는 사람이 되는 데 우월함이 있습니다. 열정은 존재를 소유하고, 호기심은 존재를 뛰어넘습니다. 열정은 살아가는 이유이며, 애호가들이 변덕을 부리는 동안 다른 사람들과 공유하는 이 세상에 내린 뿌리입니다. "행복은 많은 열정과 그것을 만족시키는 많은 수단을 갖는 데 있다"고 유토피아를 꿈꾸던 샤를 푸리에Charles Fourier(1772~1837, 프랑스 철학자 - 옮긴이)는 말했습니다. 나는 책이라든가 시, 육체적 사랑, 여행, 산과 같은 단순한 열정만을 경험했습니다.

이제 훌륭한 철학적 질문을 해볼까요? 우리는 걷기 위해서 걷는 것일까요, 어딘가로 가기 위해 걷는 것일까요? 등반가는 운동을 하기 위해 산을 오르는 걸까요, 정상에 도달하기 위해 오르는 걸까요? 등반가에게는 로프로 연결된 동료들과 함께 추구하고 공동의 계획을 세우게 하는 목적지가 필요할 것입니다. 산 정상은 그들을 더 높은 차원으로 끌어올리는 마음의 자석입니다. 모든 발걸음이 그들을 거기로 다가가게 하는 즐거움입니다. 산을 오른다는 것은 견디는 것이지만 보상이 있습니다. 시시포스는 목적지에 도달해야만 합니다. 비록 그가 목표로 한 것 이상으로 움직여야 하더라도 말입니다.

3장

우리 모두의 어머니

"우리 집에는 젖소가 있다. 우리의 우주는 수유기를 억제할 수 없다. 그 털 색깔은 어두운 푸른색, 그녀의 이름은 '풍요의 뿔', 그녀의 목초지는 거대한 세계다.

그녀에게는 송아지가 없다. 그녀는 준비하고 있다. 그 누구의 어머니든 될 준비를."

— 투카람Toukâram, '순례자의 시편', 17세기

산에는 사람이 살고 있습니다. 우리는 그곳에서 결코 혼자가 아니며, 주변 어디에나 우리의 어린 형제들이 있습니다. 모든 동물 중 항상 나를 감동시킨 생명체가 있습니다. 바로 소입니다. 소는 내가 어렸을 때부터 가장 좋아하는 동물이었는데, 단순한 이유 때문입니다. 나는 우유를 즐겨 마셨고 우유 가공품인 생크림, 요구르트, 응고시킨 우유, 치즈, 아이스크림, 심지어 치즈의 물기를 빼는 소쿠리, 낙농업계가 살균해 매끄럽게 만들고 싶어 하는 풍미의 세계에 푹 빠졌습니다.

나는 40세까지 카페에서도 저온살균 우유를 주문했는데, 카페 직원은 '여자들이 마시는 음료'보다 차라리 맥주나 붉은색 음료를 마시라고 권했지만 난 무시했었습니다. 그래서 사람들은 나를 '송아지 머리', '마마보이' 등 여러 별명으로 불렀습니다. 무리에 끼려고 와인이나 독주를 마셔보려 했던 건 신만이 알고 있습니다. 다른 사람들처럼 해보려고 몇 년 동안이나 담배도 피워보았으나 이건 말할 것도 없었습니다. 그 후로 나는 결단을 내리고 늙은 영국 할머니처럼 차만 주문합니다. 프랑스에서는 식사 때 술을 함께 마시지 않으면 왕따, 변종, 아니면 침울한 사람이 되기 십상이죠. 사람들은 청교도가 아닌지 의심하고 나는 매번 대답해야 했습니다. 나는 와인 한 병에 나의 리비도를 넣지 않습니다. 채식주의자들이 우유를 귀리, 보리 또는 아몬드 음료로 대체하고 싶어 한다는 생각, 즉 자연을 화학적, 산업적 인공물로 대체하겠다는 생각은 소름 끼칩니다.

나에게 등반 문화는 신선한 우유, 방금 소에게서 짠 따뜻한 우유, (특히 소들이 산에 올라와 비록 범의귀와 이끼는 없어도 초롱꽃, 미나리아재비, 용담속, 진달래를 뜯어 먹는 여름에는) 고소한 맛이 나는 우유에 대한 숭배와 밀접한 관련이 있습니다. 물을 맛보는 사람이 있었던 것처럼 우유를 맛보는 사람도 있어야 합니다. 보포르 치즈, 생과일 맛이 나는 스위스 치즈, 콩테 치즈의 향이 느껴지고, 공기와 만나면 금색으로 변하는 물결무늬의 깊고 신선한 액체 한 그릇보다 더 관능을 자극하는 것이 있을까요? 과일 가게, 특히 외양간 옆에 있는 과일 가게에 들르는 것은 환생의 순환을 목격하는 일입니다. 순백색 우유에서 진한 치즈로, 이를 다듬기 위해 둥글게 말고 유폐시키는 치즈 더미로의 순환이지요. 초원의 부드러운 벽지는 향기롭고 부드러운 원과 직사각형으로 변했습니다. 산꼭대기에 있는 축사는 단순한 장사가 아닙니다. 그것은 웅변, 제단, 예수의 구유와 유사한 성경적 변신의 장소입니다. 동물의 지배가 인류에게 주는 마법의 선물, 모든 종 간의 교감입니다. 우유는 결국 주변의 열로 변하는 유효기간이 짧고 부패하기 쉬운 제품입니다. 덩어리로 엉겨붙어 두꺼워지고, 빠른 시간에 불쾌하고 고약한 냄새를 풍깁니다. 흰빛 금은 다시 납이 됩니다.

최근 우유와 소가 메탄가스를 배출해 지구온난화의 원인으로 꼽히고 악마화되는 것에 어떻게 놀라지 않을 수 있을까요? 우리는 모든 학생에게 우유를 한 잔씩 주기로 결정하며 와인 로비의 분노를 불러일으킨 피에르 망데스 프랑스Pierre Mendès France(1907~1982, 프랑스 정치인 – 옮긴이)가 초래

한 논쟁을 새롭게 되살리고 있다고 믿습니다. '이름만 프랑스인인 망데스는 피에르 푸자드Pierre Poujade(1920~2003, 프랑스 정치인 - 옮긴이) 때문에 진흙탕으로 끌려 들어갔습니다. 이제부터는 반종차별주의―인류가 다른 종을 지배하는 것을 거부하는 것―의 깃발 아래에서 동물 지배와의 모든 접촉을 끊고자 합니다. 나는 치즈 제조를 비난하고 소 키우는 것을 종차별적 지배의 한 형태로 간주하는 로잔 역의 포스터를 기억합니다. 이 주장에 따르면 더 이상 젖소의 젖을 짜거나, 억지로 극심한 고통 속에 죽게 한다거나, 또는 지구상에서 완전히 사라지도록 해서는 안 된다고 합니다. 상호의존관계의 기이한 운명입니다.

암소에 관한 모든 것이 나를 감동시킵니다. 촉촉하고 자비로운 시선, 긴 속눈썹, 젖은 주둥이, 얼룩덜룩한 털, 두툼한 옆구리, 멋진 몸매, 그리고 유방 위로 불거진 푸르스름한 정맥. 그 모든 것에 감동합니다. 젖소의 똥조차 지구가 재생되고 있다는 신호입니다. 젖소는 우리를 보호하는 모두의 어머니입니다. 젖소 목에 달린 종의 단순한 울림이 나를 전율케 합니다. 이 반추동물이 금박 입힌 가죽 목걸이를 차고 방울을 흔들며 울부짖을 때, 고지에 있는 하계 목장에서는 동물 교향곡과도 같은, 변형된 멜로디가 솟아오르는 것 같습니다. 각각의 짐승이 음표라면, 두 개의 음표는 하나의 소나타를, 그리고 네 개의 음표는 오케스트라를 만듭니다.

어릴 적 농장에 갔을 때 우리는 주중 어느 저녁, 마구간 근처에 매트리스를 깔고 소똥과 우유의 따뜻한 냄새 속에 잠을 자도 좋았습니다. 우리가 있다는 걸 알아차린 소들은 이리저리 움직이고 낮게 울부짖으며 우리와 파리를 공유했습니다. 아직 착유기가 없을 때라서 우리는 젖을 짜기 위해 새벽 5시에 일어났는데, 서투른 손놀림으로 젖을 짜며 우리한테 저항하는 단단하고 탄력 있는 소의 유방을 잡아당겼습니다. 적어도 우리는 이 포유류와 멋진 만남을 갖곤 했습니다.

우리는 소를 기차가 지나가는 것을 지켜보는 온순한 동물로 묘사하면서 비판을 받았습니다. 실제로 소는 가장 부지런한 동물이며 진정한 스타하노프 운동(옛 소련의 제2차 5개년 계획 중 국민경제 전반에 걸쳐 전개된 노동생산성 향상 운동 – 옮긴이)가입니다. 쉬는 시간에도 쉬지 않고 일합니다. 소에게는 네 개의 위가 있어 먹은 음식물을 입안으로 다시 올려 보내 하루에 4만 번가량 되새김질합니다. 소는 인류에게 주는 귀한 선물인 젖을 아침저녁으로 짜달라고 부탁할 뿐입니다.

르 그랑-보르낭(프랑스 동부 오트-사부아주에 있는 지역 - 옮긴이)에 있는 천진난만해 보이는 조각상은 소가 선 채 공중으로 물을 내뿜는 모습이어서 희생적인 동물의 모습을 잘 표현했습니다. 다리 위에 있는 불룩한 첫 번째 위는 경이로운 공장입니다. 소의 거친 혀는 산간 목초지의 심장인 거대한 노란색 고체 비누인 소금 돌을 규칙적으로 핥습니다. 영양가 많은 풀을 먹기 위해 어지러운 것쯤은 용감하게 견디며 매우 가파른 비탈에서도 균형을 잡는 소를 쉽게 볼 수 있습니다.

소의 부드러운 겉모습에 속아서는 안 됩니다. 어떤 소는 성격이 매우 호전적입니다. 나는 몽블랑과 스위스의 발데랑(스위스 남부 발레주의 고산 계곡 - 옮긴이)에서 무리를 이끌 우두머리를 정하는 젖소들의 대결을 지켜보면서, 아주 가까이에서 이 동물들의 힘을 측정해볼 수 있었습니다. 흠잡을 데 없이 비단 같고 빗질이 잘된 털로 감싸인 채 대결 준비를 마친 어미 소들은 주름진 목, 김을 내뿜는 콧구멍, 힘 있게 지탱하는 뒷다리가 특징인 진정한 황소입니다. 땀으로 흠뻑 젖은 털에 길들지 않은 야생의 눈을 빛내는 승자는 용기에 대한 보상으로 뿔에 꽃과 리본을 달고 다른 소들의 섬김을 받을 것입니다.

인생의 비탈에서 흔들리지 않도록

쉴 새 없이 움직이는 이 포유류는 휴일도, 휴식도 모릅니다. 자면서까지 우유를 만듭니다. 어느 시인이든 풀을 뜯는 이들의 과로에 대해 노래해야 하지 않을까요? 비나 눈이 내리고 폭풍우가 몰아칠 때도 소는 등을 굽히고 묵묵히 자신의 일을 계속합니다. 일반적으로 동물의 세계는 고요함이나 평온함의 모델이 될 수 없습니다. 살아남기 위해 싸우고, 먹잇감을 잡아먹고, 도망쳐야 하기 때문에 과잉 행동을 할 수밖에 없습니다. 다람쥐는 언제나 경계 태세로 두려움을 안고 재빨리 먹이를 먹고, 비버는 지칠 줄 모르고 일하며, 새들은 적을 향해 시선을 둔 채 먹이를 먹으며 스스로를 보호해야 합니다. 하지만 암소들은 당신이 다가가도 쳐다보지도 않은 채 잠시 생각하다가는 "난 일해야 해. 그러니 당신도 당신의 길을 가"라고 말하듯 자신의 목장으로 돌아갑니다.

사람에게 던지는 소들의 무감각한 시선은 사실 비탄에 빠진 시선입니다. 암소의 시선이 가닿는 모든 사람은 풀을 뜯고 우유를 만드는 대신 그저 산책을 하거나 서두르는 것 외에는 할 일이 아무것도 없습니다. 덴마크에서는 숙련된 첼리스트들이 암소들의 기분을 풀어주기 위해 마구간에서 훌륭한 협주곡을 연주한다는 사실을 알고 나는 매우 기뻤

습니다. 암소들은 음악 애호가이며 자신을 달래주는 고전음
악을 사랑하는데, 이것만 봐도 암소들의 취향이 얼마나 고
귀한지 알 수 있습니다. 첼로는 호른과 함께 높은 산의 광물
성에 가장 잘 어울리는 악기일 겁니다. 그리고 바흐의 행복
한 수학은 산꼭대기가 보여주는 혼돈의 기하학에 가장 가
까운 음악이고요.

　방목장의 즐거운 소란함, 마멋의 휘파람 소리, 갈까마귀
가 지저귀는 소리, 젖꼭지가 달린 네발짐승의 목에서 울리
는 종소리로 가득한 여름보다 더 감동적인 것이 있을까요?
비탈진 왕국에 사는 이 요정들이야말로 산의 진정한 파수
꾼입니다. 때때로 나는 그들의 울부짖음 속에서 "저를 자유
의 몸이 되게 해주세요!"라고 도움을 요청하는 소리를 듣습
니다. 한때 나는 마법사의 주문 때문에 이 집단에 갇힌 생글
거리는 소녀였습니다. 예전에 이 파수꾼들은 부드러운 눈동
자, 민첩한 목덜미, 희미한 미소, 특히 왈츠나 살사의 스텝
을 알고 있을 듯한 늘씬하고 하얀 다리 등을 유지하고 있는
듯했습니다.
　성질이 급한 암소들은 송아지 때부터 거리낌이 없고,
조용하지만 경솔했으며, 일하기 싫어하고, 보더콜리나 오스
트레일리안 셰퍼드가 데리러 오기 전에 무리에서 도망치며

밥 먹듯이 반항했습니다. 내 예상이 맞다면 암소들은 아직도 예전 습관의 흔적을 간직하고 있습니다. 이들은 선조와는 다른 유쾌함과 광기에 사로잡혀 있지만 더 심각한 건 타고난 몸 구조 때문에 땅에 붙들려 있다는 겁니다. 후손은 어색한 걸음걸이로 걷는데, 맹세하건대 발굽과 원래 발을 착각하고 있는 것이 분명합니다.

소들은 얼마나 호기심이 많은지 벤치나 울타리에 놔둔 책을 제목이나 출판사에 상관없이 몇 페이지나 뜯어 먹고, 감자나 양배추 껍질, 오솔길을 지나가는 사륜구동 차, 등산객, 고지대의 카페에서 식사하는 사람 등 모든 것을 흘낏거리고, 염소들과 함께 쿵쿵거리며 카페 식탁에 놓인 접시 냄새를 맡습니다. 소들은 장난꾸러기이며 까부는 걸 좋아하고, 목덜미에 코를 파묻고 냄새를 맡는 동료들의 머리를 문질러대 상처를 내고, 주둥이를 쓰다듬기도 합니다. 당신이 볏 모양의 작은 털 뭉치가 서 있는 머리를 긁어주기라도 하면, 당신한테 머리를 기대고 오랫동안 만족감을 드러내며 분홍색 주둥이로 티셔츠에 침을 잔뜩 묻혀놓습니다. 뿔과 가죽으로 이루어진 이 부위에 부드러움과 단순함이 집중되어 있는 듯합니다.

1826년에 아주 특별한 사건이 벌어졌습니다. 이집트의 파샤인 무함마드 알리Méhémet Ali가 프랑스의 왕 샤를 10세에게 선물한 기린이 마르세유에 도착한 것입니다. 이 기린은 1827년 봄에 박물학자 에티엔 조프루아 생-틸레르Étienne Geoffroy Saint-Hilaire의 감독 아래 걸어서 파리로 갔는데, 개선 행진 같은 이 이동은 6주나 걸렸습니다. 사방에서 기린을 보기 위해 몰려든 사람들은 놀라움을 감추지 못했습니다. 수단에서 태어난 이 기린은 1845년에 죽을 때까지 수백만 명의 방문객을 끌어모았으며, 수많은 그림과 소묘의 대상이 되었습니다. 좀 더 자세히 말하자면 이 기린은 총독이 빌려준 이집트 소 세 마리와 함께 파리로 갔는데, 소들이 밤낮으로 기린에게 젖을 주며 유유자적하느라 느린 속도로 이동했습니다. 나는 이 두 동물 간의 협력을 즐겼습니다.

1981년 나는 친구와 함께 인도 라자스탄주 자이살메르(타르 사막 남부의 건조 지역으로 성벽으로 둘러싸인 인도의 도시 - 옮긴이)의 고지대 마을 게스트하우스에서 바닥에 짚을 넣은 요만 깔고 잠을 자고 있었습니다. 하루는 아침에 눈에 분장을 한 어린 암송아지 때문에 잠에서 깨었습니다. 그 송아지는 문 역할을 하는 형형색색의 커튼을 밀치고는 축축하고 따뜻한 혓바닥으로 내 코끝을 핥고 있었습니다. 아마

인생의 비탈에서 흔들리지 않도록

도 내 인생에서 가장 감미롭게 잠에서 깬 순간이었을 겁니다. 처음에는 나를 공격하는 거라고 생각했는데 울음소리가 마치 "일어나. 마을을 구경해야 하는데 이렇게 늦잠을 자다니 정말 한심해!"라고 말하는 것 같았습니다. 친구는 놀라서 비명을 지르며 이불에 몸을 파묻고는 이렇게 외쳤습니다. "뭐야! 이 나라, 미친 거 아냐?"

라지푸트족(옛날에 북인도를 지배한 종족 - 옮긴이)이 통치하는 왕국에서는 암소가 방 한가운데에 푸짐하게 똥을 싸고 파리 떼를 쫓기 위해 꼬리를 흔들면서 우아하게 방을 나가는 걸 보았는데, 그것이 환영 인사라고 합니다. 족장은 신성한 동물이 우리 앞에 자신의 배설물을 남긴 것은 행운의 징조라고 우리를 안심시켰습니다. 그리고 그는 우리 소지품을 씻고, 작은 은 상자 안에 행운의 부적인 소중한 배설물을 담아 가라고 권유했습니다. 그날 이후 나는 인도와 인도의 소에 대해 특별한 애정을 갖게 되었습니다.

몇 년 후 콜카타에서 이런 일을 겪기도 했습니다. 나는 그때 훨씬 더 허름한 게스트하우스에 묵었는데, 낡아서 삐걱거리는 의자 몇 개, 다리를 대충 끼워 넣은 침대, 앉으면 엉덩이가 땅에 닿을 정도로 한가운데에 구멍이 뚫린 흔들의자가 있는 창문 없는 방을 배정받았습니다. 첫날 밤부터 커다란 쥐 때문에 잠에서 깼는데, 그 쥐는 부엌에서 배불리 저녁을 먹고 문 아래 틈으로 겨우 미끄러져 들어가 욕실에 있는 자신의 가족에게 가는 중이었습니다. 나는 당장 주인에게 내가 본 것을 말했습니다. 그러자 그는 쥐가 번영의 신인 가네시Ganesh의 운반 수단이라 신성하다고 여기기 때문에 쥐덫이나 독이 든 음식물을 놓을 수 없다고 설명했습니다. 게스트하우스 주인은 쥐를 쫓도록 고양이를 빌려주겠다고 제안했습니다.

밤 11시경에 그는 털이 온통 헝클어지고 군데군데 빠지기까지 한 늙은 외눈박이 고양이를 데려왔습니다. 고양이는 험악한 표정으로 나를 쳐다보더니 야옹거리며 방 한구석에 누웠습니다. 하지만 쥐는 독일 철학자 이마누엘 칸트도 감탄할 정도로 정확히 시간을 지켜 자정과 새벽 1시 사이에 지나갔습니다. 칸트는 매일 아침 같은 시간에 집을 나서 산책했는데, 그가 이 일정을 어긴 건 바스티유 감옥 습격 소식이 알려졌을 때와 장 자크 루소가 불평등에 관한 에세이를 출간했을 때뿐이었습니다. 쥐가 납작 엎드려 문 아래로 빠져나가는 순간, 고양이는 털을 곤두세우며 침을 뱉었습니다. 쥐는 순간 깜짝 놀라서 잠시 머뭇거렸지만 걸음을 멈추지 않고 이빨을 드러내 보였습니다.

쥐의 이런 행동은 효과가 있었습니다. 고양이는 몇 번

야옹거리더니 침대 위로 기어 올라와서 보호해주기를 간청하는 듯 내게 다가왔습니다. 쥐는 서두르지 않고 자신의 길을 가면서 우리에게 경멸하는 듯한 시선을 던졌습니다. 고양이는 나머지 밤을 내 발 근처에서 잤는데, 코를 심하게 골며 악취를 풍겼습니다. 나는 수도 전체가 굶주림으로 죽어가고 털 달린 모든 동물을 사냥하던, 파리 코뮌의 새해 전야 메뉴인 '쥐를 거느린 고양이(Chat Flanqué de ses Rats)'가 생각났습니다. 결국 쥐가 들락거리는 걸 막아보겠다는 생각을 포기하고, 일주일 동안 이 작은 동물이 내 발치를 종종걸음으로 다니도록 내버려둔 채 잠드는 데 익숙해졌습니다.

산은 소 무리를 통해 나를 다시 인도로 데려다줍니다. 인도에서는 종종 기름진 혹이 있고 목 아래 피부가 축 늘어진 소들을 붉게 칠하고, 잎으로 뿔을 장식하고, 백단향으로 이마를 눈에 띄도록 단장하는 풍습이 있는데, 나는 이 풍습을 좋아합니다. 마치 아이들이 갖고 놀다 두고 간 장난감 같은 소들의 배설물은 피하는 것이 상책인 존재의 흔적을 남깁니다. 나는 이 위대한 문명이 이집트나 그리스, 로마의 고대 종교나 아프리카의 몇몇 목축 문명처럼 이 동물을 우주 만물의 어머니인 가오 마타 Gao Mata로 섬기는 것을 싫어하지 않습니다. 인도 아대륙에서 이런 찬사가 온갖 정치적 구설

수의 원인이 되고, 폭동과 군중을 야기한다 해도 말입니다. 소 도축 금지는 힌두교도와 이슬람교도 간에 수많은 갈등을 일으키는 원인입니다. 모든 수입제품, 동물의 비계, 돼지기름, 식물성 기름 등은 반란으로 바뀔 수 있는 의심의 대상입니다. 부도덕과 신성모독에 대한 두려움은 그렇게 강합니다.

인도에서는 소가 쌀이나 계절풍처럼 중요한 요소입니다. 베다 시대부터 소는 신성한 동물, 우주 만물의 어머니이자 양육자였으며, 사람들은 고기를 같이 나누어 먹을 특별한 손님을 환대할 때만 소를 죽였습니다. 역사적으로 소는 브라만이 자이나교와 불교에서 비폭력(아힘사Ahimsa) 사상이 지배하는 채식을 차용할 때, 베다의 처지(명예롭고 희생된 동물)에서 힌두의 처지(그 살해가 범죄로 간주되는 존경받는 동물)로 넘어갑니다. 소는 그 자체로 시바Siva(힌두교의 3대 신의 하나로 파괴를 상징-옮긴이)의 매개물인 황소와 똑같다고 생각되어, 지위를 승격시켜 어머니와 조국인 인도와 연결됩니다. 피부가 검은 버펄로는 불가촉천민이 육체를 부여받은 걸로 간주되었기에 불순한 존재들이 먹을 수 있습니다.

소에서 나온 모든 것이 축복입니다. 소의 소변을 아유르베다 약품에 사용하고, 똥은 납작하고 동그랗게 빚어 연료 덩어리로 만들었습니다. 또 소는 젊은 여자의 안색을 밝게 만드는 화장품이나 일부 브라만이 권위가 실추되는 것을 경계하며 먹는 음식이 되기도 했습니다. 우유에서 추출하며 약간 산패한 냄새가 나는 정제 버터인 기ghee는 신상神像에 바르는 기름으로 사용됩니다.

아대륙의 몇몇 신성한 도시, 베나레스(인도 동부에 있는 힌두교의 성지, 바라나시의 이전 이름 - 옮긴이)나 리시케시(인도 북부 우타라칸드주에 있는 힌두교 성지 - 옮긴이)는 무엇보다도 소의 도시입니다. 이곳에서는 어디에나 소들이 있으며 맘 놓고 음메음메 울부짖습니다. 역에서 갠지스강으로 내려가는 계단, 아주 좁은 골목, 가장 누추한 오두막 뒤에서 소들은 혼자 또는 무리를 지어 앙상하게 마른 모습으로 길 한가운데 누워서 자동차에 길을 양보하지 않거나 길을 내주더라도 느릿느릿 몸을 일으킬 뿐입니다. 길 위에서 자는 소는 상징적인 시골 마을 풍경을 연출하는 황제입니다. 좀 둔한 이 우유 가죽 부대는 세상 걱정거리에는 무관심하며 자신의 운명에 만족하는 듯 보입니다. 아대륙만큼 소로 태어난 것이 큰 특권인 지역은 없습니다.

소의 되새김질은 사람들로 하여금 문자의 진리를 되씹으라고 격려하고, 눈의 온화함은 동정과 자비를 요구합니다. 소는 언제나 살아 있는 것들의 조건에 대해 진중하게 명상하는 것처럼 보이는 탁월한 철학적 동물입니다. 암소의 머리는 오랫동안 질문을 하면서, 현명한 사람이 지닌 절제와 어머니의 관대함을 결합합니다. 힌두교의 모든 위대한 신은 소와 관련이 있습니다. 신성한 목자인 크리슈나는 땅 위에 머무는 동안 맵시 좋은 소와 함께였으며, 마하트마 간디는 이 평화로운 포유류에 대해 감동적인 글을 썼는데, 소를 '연민의 시', '인간과 짐승 간 우애의 가교', '무방비 상태, 굴욕, 가난의 대표자', '살아 있는 것만큼이나 유용한 죽은 어머니'[1]로 묘사했습니다. 상황이 이렇다 보니 소를 먹는 것이 식인 풍습만큼이나 끔찍한 행위로 받아들여지는 걸 이해합니다. 자신을 낳아준 어머니를 먹거나 신의 살을 먹는 것과 같을 테니 말입니다.

아름다운 마호가니 치마를 입고 흰색 목덜미가 두툼한 데다 거문고 모양의 뿔을 단 채 알프스산맥이나 피레네산맥에 사는 우리의 풍요로움, 우리의 허풍쟁이, 우리의 타랑테즈 소들은 인도로 가고 싶지 않을까요? 그곳에서 풍부한 목초지를 발견하지 못하겠지만, 최소한 보장된 퇴직 제도

---

1   Gandhi, *How To Serve the Cow*, Ahmedabad, 1954.

는 발견할 수 있을 겁니다. 인도에는 늙거나 떠도는 소들을 위한 쉼터인 고샬라Goshala라는 독특한 제도가 있습니다. 나는 두 곳의 고샬라를 방문했는데, 베나레스와 첸나이에서였습니다. 지방자치단체나 박애주의자들이 자금을 지원하는데 늙거나 병든 동물, 암소, 젖소, 황소들이 학살의 공포나 불안정한 떠돌이 생활, 학대를 피해 그곳으로 몸을 숨깁니다. 교통 체증과 포화 상태의 도시에서 쓰레기와 산더미 같은 낡은 신문을 뜯어 먹으며 살다가 이후에는 싱싱한 목초지, 또는 적어도 풍부한 건초지를 제공받는 것입니다. 프레스코화로 아름답게 칠한 벽과 베르길리우스풍의 경건한 분위기 속에서, 다리가 안쪽으로 휘거나 눈이 먼 짐승은 수의사의 보살핌을 받습니다. 고샬라에서는 그들에게 건초 다발과 사탕수수를 가져다주고 그들이 밟은 땅에 특별한 열정으로 키스하는 사람들에게 경배를 받기까지 합니다. 만약 내가 소라면 다음 생에서는 이런 삶을 살고 싶을 것 같습니다. 어쩌면 유럽산 목초지나 방목지를 더 선호할 수도 있겠습니다만, 노년기에 접어들면 인도에서 늙어가는 걸 선택하겠습니다. 후원자가 기후와 문화적, 언어적 충격을 고려해 이런 종류의 보호처를 옮기는 건 금지 사항이 아닙니다. 아마도 마다가스카르를 제외하고는 어떤 사람이나 문화도 이 동물을 이렇게 전설적이고 경이로운 분위기로 감싸지 못했을 겁니다. 뿔이 있는 할머니 소를 보호하기 위한 이 목가적 낙원은 특히 감동적입니다.

　나는 산을 오를 때 고지대의 하계 목장에서 소가 나를 쳐다보며 울부짖음으로 반겨주는 걸 좋아합니다. 카페에 앉아 우유나 밀크셰이크를 홀짝거리는 대신 내 나이의 정상을 오르는 걸 좋아합니다.

　인생의 비탈에서 흔들리지 않도록

4장

스위스라는 환상적 소설

"믿음은 산을 옮길 수 있다.

어리석음의 산을."

— 앙드레 지드의 일기

스위스는 유럽 한가운데 위치한 국가로 거대한 산맥, 과거 관습의 생생한 저장고, 외국 군대는 도저히 뚫고 들어갈 수 없는 금고입니다. 나는 6세에서 10세까지 4년 동안 1,200미터 고지의 레장Leysin(스위스 에글 지역에 있는 자치제 – 옮긴이)에 있는 결핵 예방 의료원인 레 누와제티Les Noisetiers에 이따금 머물곤 했는데, 그곳에서 헌신적인 의사와 간호사, 그리고 다른 아이들과 함께 지냈습니다. 유황 증기를 흡입하고, 매일 낮잠을 자고, 아침저녁으로 체온을 측정하고, 매주 검진을 받고, 흉부 엑스레이를 찍고, 겨울에는 썰매장으로 긴 나들이를 했습니다. 정말 멋진 4년이었습니다. 어떤 병자도 부모님과 추악한 도시에서 멀리 떨어져 있는 나보다 더 행복하지 않았을 겁니다. 나는 합숙소, 공개 낭독회, 즉흥 연극을 좋아했습니다.

　당신을 죽음에 이르게 하고, 병에 걸린 사람들을 격리할 때를 제외하면 질병은 사실 위대한 계시자입니다. 질병은 고귀한 품격입니다. 때로는 저녁에 인원을 확인할 때 함께 있던 친구가 보이지 않고, 그가 집으로 돌아갔다는 소식을 듣기도 했습니다. 그곳에서 나갈 때는 밤이나 새벽에 건물 뒤편으로 이동했습니다. 레 누와제티에서는 밥도 억지로 먹어야 했는데, 나는 허약한 결핵 환자였기 때문에 거위에게 먹이듯 강제로 주는 대로 먹어야 했습니다. 당뇨병과 비만의 세대를 만들어낸 혐오스러운 전후의 습관이라고나 할까요.

　또 그곳에선 내 뺨을 때리며 독일어를 잊게 만들었습니다. 내가 튜턴어로 대답하면 바로 따귀를 맞았고 그 언어로 말하는 건 철저히 금지되었습니다. 스승인 소르본 대학의 블라디미르 장켈레비치Vladimir Jankélévitch 선생님에게서도 이와 똑같은 비타협성을 발견했습니다. 선생님은 학생들에게, 당신이 판단하기에 대학살에 가담한 죄를 지은 20세기 독일 철학자의 말을 인용하지 못하게 했습니다. 50년 후, 나는 반 친구 대부분이 가명을 쓰는 유대인이었다는 사실을 알게 되었습니다. 고아가 된 몇몇 아이는 이스라엘로 이송되어 알리야(유대인에 의해 성스러운 땅으로 가는 것 - 옮긴이)의 이름으로 환영받습니다. 전쟁의 트라우마는 끔찍했고, '독일 사람'에 대한 증오는 격렬했습니다.

나는 1970년대 초에 간염 치료를 받기 위해 콩블루에 있는 '프랑스 학생 상호조합'에서 운영하는 요양소에서 또 다른 경험을 하게 됩니다. 몽블랑과 에귀유 베르트의 둥근 정상을 마주하고 있는 웅장한 산세에 자리한 요양소였습니다. 그곳에서 함께 요양하던 사람들 중에서 나보다 나이가 훨씬 많은, 알제리 인민해방전선의 옛 전투원을 알게 되었습니다. 그 사람은 1957년 인민해방전선(Front de Libération National, FLN)이 자신과 경쟁 중인 독립운동 단체, 즉 메살리 하지Messali Hadj가 이끄는 알제리 민족운동(Mouvement National Algérien, MNA)을 도왔다는 이유로 카빌리(알제리 동북부 고산지대 지명 – 옮긴이)의 마을 주민 374명을 학살하던 당시, 아주 어린 나이에 멜루자Melouza 학살에 가담한 후 헤어나오지 못했습니다. 프랑스인을 죽인다는 것은 당연했겠지만 동족을 향해 총구를 겨누는 건 그를 병들게 했고 그는 결코 회복할 수 없었습니다. 그는 통제할 수 없는 분노에 빠져서 언성을 높이곤 했는데, 간호사들이 겨우 진정시켜야 했습니다.

레장에 머물 때, 우리는 주변 마을에서 수많은 갑상샘

종 환자와 마주쳤는데, 주변 마을의 인구가 인근 발레의 인구보다 더 많았는데도 그랬습니다. 요오드 치료는 갑상선 질환이 진행되는 걸 겨우 막기 시작했습니다. 우리끼리 있을 때는 이 알프스산의 멍청이들을 '펠리컨'이라고 불렀는데 엄청나게 큰 모이주머니 같은 턱 아래 살 때문이었습니다. 그들은 키도 작고 약해 보였지만 매혹적인 동시에 공포의 대상이었습니다. 빅토르 위고의 작품에서도 그렇고, 발자크는 특히 자신의 작품《시골 의사Le Médecin de campagne》에서 갑상샘종 환자들을 묘사했습니다. 그러나 숟가락으로 으깬 고기를 먹고 누더기가 된 옷에 침을 흘리는 "저 무시무시한 살아 있는 살덩어리들"[1]을 가장 신랄하게 비난한 사람은 알프스와 피레네산맥 전문가였던 무정부주의 지리학자 엘리제 르클뤼Élisée Reclus(1830~1905, 프랑스인 - 옮긴이)였습니다.

나는 사람들이 온갖 험담에서 벗어난 상상의 조국을 사랑하듯 스위스를 사랑합니다. 맹목적으로 스위스를 사랑하고, 나에게는 너무 독일적인 오스트리아보다 훨씬 더 사랑합니다. 스위스에서는 우리가 어디에 있건 관계없이, 수평선에 서 있는 상아 조각 같은 눈 덮인 산봉우리를 볼 수 있

---

1 앙투안 드 베크Antoine de Baecque가 자신의 저서 *La Traversée des Alpes*, Gallimard, Bibliothèque des histoires, 2014, p. 302에서 인용.

습니다. 쥐라Jura산맥(프랑스 동쪽의 부르고뉴와 스위스 사이에 위치 – 옮긴이)이나 오트–사부아주를 통해 국경을 넘자마자 내 나라와 비슷하면서도 다른, 새로운 세계에 들어가는 듯 한 묘한 느낌을 받습니다. 그 세계에서는 붉은 바탕에 흰 십 자가가 내게 "자, 이제 넌 평범한 삶이 닿지 않는 곳에 있는 거야"라고 말합니다. 모든 사랑이 그렇듯, 이 사랑도 편파 적이고 유치합니다. 국경을 넘은 후 내가 첫 번째로 한 행동 은 그때가 몇 시건 상관없이 핫초코를 마시는 것입니다. 그 것은 승인 의식으로 행복한 추억거리가 됩니다. 내 목을 타 고 흐르며 일종의 입양 증명서를 발급해주는 이 스위스적 인 것을 조금씩 꿀꺽꿀꺽 삼킵니다.

　나는 스위스에서 일상적인 대화를 할 때 느끼는 언어 의 혼란을 사랑합니다. 로망슈어, 이탈리아어, 발도파(12세 기 피에르 발도가 창시한 엄격한 성서 중심의 기독교 분파 – 옮긴 이)적 프랑스어, 각양각색의 스위스식 독일어가 산골짜기 마다 하나씩 모여들어, 연방 정부의 북쪽과 동쪽 사투리와 뒤섞이는 것이 정말 좋습니다. 또 나는 3,450미터 높이까지 올라가는 융프라우 열차를 비롯해 톱니바퀴 열차, 축제 때 마다 선보이는 민속 의상, 소름이 돋는 저음의 알프스 호른, 느리게 노래하는 억양, 심지어 내게서 눈물을 쏙 빼는 요들 을 열렬히 좋아합니다(독일 최고의 요들 가수 중 한 명은 일본 사람인 이시이 다케오입니다). 원래 발성을 통해 가축을 다른 계곡으로 불러내는 데 활용하던 이 노래는 성문(후두 내벽 상하 두 쌍의 주름 – 옮긴이)의 뛰어난 민첩성을 요구하며, 그 자체로 하나의 음악 장르가 되었습니다.

나는 스위스 시계, 기능이 스쳐 지나가지 않는 파편을 만들어 스쳐 지나는 시간의 중대한 과오를 지워버리는, 시계 제조의 진정한 걸작인 스위스 시계에 대해서는 말하지 않으려 합니다. 나는 스위스 시계를 적당히 수집하는데, 가격이 터무니없게 비싸서 많이 모을 수는 없습니다. 매번 구입할 때마다 긴 명상을 해야만 했습니다.

마치 보이지 않는 벽이 나를 현실에서 보호하고 국가 자체를 비현실적으로 만드는 것처럼, 이 나라는 국가를 훨씬 더 매력적으로 만드는 이국주의의 손길을 보냅니다. 스위스는 산을 향한 내 열정의 정수입니다(오트-사부아, 이 프랑스령 스위스는 나의 두 번째 고향입니다). 스위스는 축적된 모형, 미니어처 기차, 케이블 철도, 공중 케이블카, 샬레(스위스 고원지대의 시골집 같은 건축물 – 옮긴이)로 거대한 산맥에 대응했습니다. 우리는 광대함을 마주한 어린아이 상태로 끊임없이 되돌아갑니다. 밀리미터 단위까지 모든 것을 그대로 재현한 완벽하고 깔끔한 모델이 스위스의 매력입니다.

레 루스(스위스 국경에 있는 코뮌 – 옮긴이)와 쥐라에는 호텔이자 레스토랑, 카페인 아르베지Arbezie가 국경에 걸터앉은 위치에 있는데, 지리적으로 괴상하게 짜 맞춘 듯한 모습을 멋지게 보여줍니다. 요리는 프랑스식이며 거실은 스위스식입니다. 프랑스식 식전주와 스위스식 커피를 즐길 수 있습니다. 계단을 걷다 보면 다른 나라로 바뀝니다. 방 안에서도 머리는 프랑스에, 발은 스위스에 있고, 몸이 사지에서 분리되어 발가락이나 무릎을 만지려면 여권이 필요합니다. 이렇게 상상으로 경계선을 구별하는 것이 너무 즐겁습니다. 우리는 국경을 넘어서 즐기고, 어디에도 속하지 않는 사람들입니다. 전쟁 중에 이 호텔의 주인은 유대인과 영국 공군이 국경을 지나도록 했습니다. 독일 당국은 프랑스 구역에만 접근할 수 있었는데, 일곱 번째 계단부터는 스위스령이었습니다. 비시Vichy 정권은 프랑스령에 해당하는 곳을 벽으로 막았습니다. 에비앙Évian 협정 동안 한쪽에는 프랑스 외교관들이, 다른 쪽에는 알제리 대표들이 상상 속에 존재하는 경계선 양쪽에 섰습니다. 아르베지는 국기와 행정부를 갖춘 작은 공국이 되었습니다.

스위스연방에 쏟아진 비난에 대해 알고 있습니다. 은행에서 독재자와 범죄자의 돈을 세탁하고, 세무 관련 망명을 허용하고, 지나치게 편리한 중립성을 선언하고, 평탄한 뇌

파의 민주주의와 이중성을 허용하는 민주주의국가라는 것이지요.

이와는 반대로 볼테르, 루소, 벵자맹 콩스탕Benjamin Constant을 비롯한 수많은 작가가 스위스를 자유의 안식처라며 찬양했습니다. 스위스는 1945년까지 박해받던 몇몇 유대인에게 그랬던 것처럼 작가들에게는 도피처처럼 여겨졌습니다. 장 자크 루소는 스위스를 세련되며 문명화된 부패에서 자유로운 스파르타, 원시 공산주의의 예시인 자유와 단순함의 동맹으로 선택했습니다. 그는 '건강하고 유익한 공기 목욕'[2]을 권장하면서 요양소의 탄생을 예견하기도 했습니다. 이 찬양의 콘서트에서 앙드레 지드만 어울리지 않고 눈에 띄는데, 그는 태양과 어린애같이 꾸밈없는 것을 애호했고 (요즘이라면 법정에 출석해야 할 만한) 스위스 사람들의 위생 관념과 청교도 동맹을 비난합니다.

한편 이 나라에 대한 예상치 못한 시각을 제공한 19세기 작가가 있습니다. 바로 알프스산맥에서《알프스의 타르타랭》과 함께한 알퐁스 도데입니다. 악당이 등장하고, 관광

---

2   Thierry Dufrêne, 저서 *Le Sentiment de la montagne*, Cordura, Glénat, Musée de Grenoble, 1998, p. 86의 'La montagne de verre et les enjeux artistiques du thème du cristal'에서 인용.

객의 비웃음을 다루는 이 소설에서 도데는 '스위스는 존재하지 않는다'는 놀라운 논제를 전개합니다. 스위스는 영국인, 미국인, 아시아인, 특히 일본인을 즐겁게 하기 위한 숙련된 여행사에서 설치한 가짜 세트장이라는 겁니다. 속임수에 대해 제대로 경고한 타르타랭은 속아 넘어가지 않았고, 가이드의 도움과 안내로 융프라우에 올라서 사실 바위는 재생지의 더미이고, 눈은 차가워진 물을 송풍기가 뿌리는 거라고 확신했습니다.

"스위스, 바로 지금 그대로요! 타르타랭 씨는 그저 거대한 유원지에 불과해요. 6월부터 9월까지만 문을 열고, 세계 각지에서 사람들이 몰려와 신나게 노는, 제네바와 런던에 본사를 둔 억만장자의 부유한 회사가 운영하는 유원지 말입니다. 이 모든 땅, 호수, 숲, 산과 폭포를 더 그럴듯하게 다듬고 꾸미고, 직원들을 고용하고, 가스, 전신, 전화까지 있는 거창한 호텔을 최상의 상태로 유지하려면 돈이 필요했습니다! (…) 더 깊숙이 시골로 가봐도 오페라의 뒤쪽 무대처럼 꾸미지 않은 구석이라고는 찾아볼 수 없을 겁니다. 환하게 불을 밝힌 폭포, 빙하 입구와 엘리베이터로 가는 길에 있는 회전문, 수많은 철도. 다 조작된 것입니다."[3]

---

3   *La Trilogie de Tartarin*, Petite bibliothèque Payot, p. 233, 2010, Jean-Didier Urbain 서문.

역시 타라스콩(프랑스 남부 프로방스알프코트다쥐르 지방에 속한 고원 지역 – 옮긴이) 출신인 공자그 봉파르라는 사람이 주인공에게 이렇게 설명합니다. 틈이란 게 있지 않겠냐고 반박하는 타르타랭에게 그는 허술한 틈마다 "당신을 일으키고 빗질을 해주고 따라다니며 '짐은 없으십니까?'라고 우아하게 질문을 하는 도어맨이나 사냥꾼이 늘 있는 법"이라고 맞받아칩니다.

스위스에서는 짐 캐리의 〈트루먼 쇼〉처럼 모든 것이 허구이거나 가짜입니다. '푸르스름하고 유려한' 달조차 그저 하나의 조항에 불과하며, 빛은 시네마스코프의 조명으로 가짜 빙하가 반사해내는 속임수입니다. 산 위의 목동, 양치기, 치즈를 만드는 사람, 머리를 손질하고 옷을 차려입은 시골 여인, 잘 가꾼 목초지, 무거운 종을 달고 있는 유순한 가축 떼는 회사에서 추가로 지불한 비용입니다. 스위스라고요? 재생지, 시대보다 앞섰던 라스베이거스 또는 거대한 포템킨 마을(18세기 러시아 귀족인 그리고리 포템킨의 이름에서 유래하며, 러시아 황제 예카테리나 2세가 배를 타고 포템킨이 다스리는 지역을 둘러보기로 했을 때 포템킨이 강 옆에 만든 가짜 마을 – 옮긴이)을 원한 것일까요? 가짜는 취하게 만드는 힘을 발휘합니다. 산에서 일어나는 사고, 고객과 함께 사라지는 여행 가이드는 관심을 불러일으키기 위해 잡다한 사실을 패러디한

인생의 비탈에서 흔들리지 않도록

것입니다. 산중 사고는 잊힐 만하면 다시 일어납니다. 스위스 사람들은 하나의 민족이 아니라 여행자를 즐겁게 하기 위해 충분한 보수를 받는 극단입니다. 거대한 '허풍'입니다.

알퐁스 도데가 쓴 잘 알려지지 않은 이 소설은 충분히 공정하다고 생각됩니다. 이 소설은 내가 그곳에 갔을 때 느낀 감정, 인공적인 것들의 화려함 속에서 세상의 흑막에 도착했다는 느낌을 시대에 뒤떨어진 단어로 표현합니다. 또는 인위적인 것과 멋진 것이 혼합되어 있기도 합니다. 그저 흉내를 내는 나라가 적어도 하나 있다는 걸 알면 겉모습을 쌓아 올린 더미가 나를 안심시킵니다. 스위스의 깃 아래에 비밀 화랑, 원자력 전쟁이 일어날 경우 시민들의 피난처가 될 벙커가 있다는 것을 알게 되었을 때, 나는 내 직감을 확인했습니다. 스위스는 땅속의 소설입니다. 스위스가 나에게 백일몽으로 남아 있다면 그것은 내가 어린 시절, 모든 것이 몽상적이고 길을 잃은 것 같던 그 시절의 나라로 돌아가기 때문입니다.

스위스는 내가 프랑스를 지지하는 데 필요한 지리적 환상입니다. 세상에는 미국처럼 현실의 과잉을 강요하는 문화도 있습니다. 죽음조차 희극처럼 보이도록 회피와 빼기를 강요하는 문화의 광기 어린 시각을 압니다. 그러나 나에게 그것은 정신의 가벼움으로, 국경을 넘지 못하는 것입니다. 여기에서 나는 모든 비판 정신이 일시적으로 정지된 마법에 걸린 삽입구 안에 존재합니다. 그노시스설 신봉자에 따르면, 만약 악한 조물주가 불행하고 가증스러운 우주를 낳았다면 그는 유럽 중심부에 위치한 작은 지역을 잊었던 게 분명합니다. 나는 이 천진난만함을 받아들입니다. 스위스는 내가 역사에서 벗어나기 위해 필요한 소설입니다.

5장

허풍쟁이와 멍청이들

"난 산을 싫어한다. 산은 항상 우리에게 설교를 늘어놓는
것 같다."

— 피에르 장 주브Pierre Jean Jouve

높은 지역, 즉 고도에 대한 실제적 열정은 나름대로 여행의
역사가 지닌 오래된 딜레마로 해석됩니다. 말하자면 19세
기 초 유럽 대륙을 순회하던 영국 귀족과 각 나라를 메뉴판
의 요리처럼 소비하는 20세기 대중의 관광이 서로 대립했
던 것입니다.

'관광'이라는 단어가 영국에서 등장한 것은 1811년으로
그 당시에는 대단히 기품 있는 단어였습니다. 이는 '여행'이
라는 단어와 상충했는데, 당시 여행은 아이들과 상류층 교
육을 겨냥하고 그들의 무료함을 달래주기 위한 그랜드 투
어로 선원이나 여행에 함께하는 사람들에게는 고달픈 영리
주의 목적의 노동이었습니다. 초기 관광은 집세로 생활하는
한가하고 여유로운 엘리트들의 행위로 허세 부리며 보란

듯이 뽐내는 여행이었는데, 그들은 철도, 증기선, 포장도로 등의 신문물을 이용해 신속히 이동했습니다.

그러다 19세기 중반에 반전이 일어났습니다. 계산과 이익에 집착했던 치욕스러운 존재인 부르주아가 드디어 다른 나라들을 구경하게 된 것입니다. 이것이 현재도 일어나고 있는 균열의 시작입니다. 예를 들어 프랑스 최초의 연재만화인《프누이아르 가족La Famille Fenouillard》[1]의 등장인물은 노르망디에서 출발해 북극과 일본으로 갑니다. 부유한 양품류 제조업자, 그의 아내, 멍청한 두 딸 퀴네공드와 아르테미즈는 르 아브르 항구에서 출발해 미국으로 갑니다. 그들을 뉴욕에서 베링해협으로, 대평원의 북아메리카 수족Sioux族에서 뉴기니섬의 파푸족으로 데려가는 소용돌이의 시작입니다. 여행 단계마다 프랑스 사람 특유의 어설픔, 어리석음이 그들이 만나는 사람들의 낯선 관습을 통해 드러나곤 합니다.

부르주아에 대한 풍자는 외젠 M. 라비슈Eugène Marin Labiche의《페리숑 씨의 여행》(1860)에도 잘 나타납니다. 그러나 이 희극 작가의 조롱은 한발 더 나갑니다. 그는 고산 지역에서 배은망덕함에 대한 강한 비유를 써나갑니다. 페리숑 씨는

1   Christophe, parution de 1889 à 1893, Armand Colin.

도랑에 빠졌을 때 그를 구해준 딸의 구혼자를 인정하지 않습니다. "바보들은 사람들이 감사라고 부르는 무거운 짐을 오래 견디지 못한다."

자, 소상공인에 불과한 하급 사무직들이 광대한 공간을 여행하려고 합니다. 그래서 엘리트들은 여행의 종말을 선언합니다. 역마살이 든 상점 주인들과 이 멋진 여행을 함께 한다는 건 말이 안 되는 일이지요. 엘리트들이 보기엔 너무 늦어버렸고, 가장 멋진 장소가 부지런한 평민에 의해 더럽혀진 겁니다. 산에 오른다는 건 정상에서 당신을 따라잡으려는 군중을 따돌리는 것입니다. 행복한 소수는 큰 소리로 분명하게 선언합니다. 히말라야 또는 안데스산맥에서 누린 선구자로서의 위대함은 끝났고 엘리트들과 함께 간 군중에게도 마찬가지입니다. 드라마 같은 위대한 일은 더 이상 1면 헤드라인을 장식하지 않습니다. 모든 길은 정비가 잘되어 있었고 보호에 대한 필요성 때문에 개척자의 추진력이 힘을 잃었습니다.

그 사이 의미 있는 혁명이 진행되었습니다. 움직이는 소 떼 사이에서 눈에 띄는 사람들을 '관광객'이라고 부르게 되었습니다. 소수의 세련된 여행을 가리켰던 단어가 다수의 대중 여행을 지칭하게 되었습니다. 인민전선이 민중에게 휴가, 즉 여가 활동과 피크닉에 대한 권리, 바다와 농촌으로 갈 권리를 부여하던 1936년에 프랑스의 분열은 심화되었습니다.

산은 특별한 경우로 남아, 특히 1950~1960년대에 인기 있는 산악인과 눈의 대중화가 나타나면서 지연 요인의 혜택을 입었습니다. 관광이란 무엇일까요? 그건 다른 사람들의 경우이지 우리는 아닙니다. 군중 속에서 눈에 띄고 싶은 사람이라면 여행의 품격을 낮추고 청정한 산 정상을 더럽히는 캠핑객, 여름휴가철 방문객, 피서객을 저주해야 했습니다. 관광의 극치는 관광을 비난하는 것입니다. 바다만큼 산도 귀족과 떼거리, 진짜와 부패한 것을 대치시키는 낭만적인 범주에서 벗어나 있습니다. 단총短銃, 추락 방지용 안전벨트, 피켈을 든 검투사들은 등에 배낭을 지고 가파른 비탈에서 어설프게 비틀거리는 파리지앵과 마르세유 사람들을 경멸하는 눈초리로 바라봅니다. 샤모니에서는 휴가객을 '몽퀴monchus(등산이나 하이킹 경험이 없는 관광객을 지칭하는 속어 - 옮긴이)'라 부르고 남부 알프스에서는 '바퀴벌레'라고 부르지 않았습니까?

수단에서 만난 동지 장크리스토프 뤼펭은 오트-사부 아에서 일 년 내내 살다시피 하는 자타 공인 산악인인데, 2014년 산을 오르는 방문객 무리를 봤을 때 "저기 좀 봐. 오! 비도슝(좋지 않은 사회적 조건을 갖춘 멍청한 프랑스인을 가리키는 말로 평범한 프랑스인을 비꼬는 상투적 표현 - 옮긴이)들이라니"라고 말했습니다. 나는 그 표현이 아주 멋지다고 생각해서 나 자신에게도 바로 적용해보았습니다. 그런 별칭이 아주 자랑스러웠습니다(그래서 딸과 함께 몽블랑산으로 멋진 '산책', 사부아 지역 사람들은 트레킹이라고 부르는 산행을 했습니다).

1,500미터 이상의 고지에서 우리는 허풍쟁이를 꽤 자주 만납니다. 남자든 여자든 그들은 당신을 위에서 내려다보고 당신이 응석받이 도시 사람이며 수입이 변변찮다는 걸 즉각적으로 감지합니다. 귀찮다는 표정으로 암벽 위에서 당신을 추월하는데, 그건 당신 때문에 산행이 늦어지기 때문입니다. 그들은 당신이 자신들의 발치쯤 머무르는 걸 좋아하지 않습니다. 그 또는 그녀는 숫자와 신호로 암호화된 언어로 말하는 전문가입니다. 그들은 이 계곡에서 저 계곡으로 이동하고 대중이 불안해하는 공간을 섭렵했습니다. 분명히 말하지만 나는 산악인을 진심으로 존경하고, 많은 젊은 등

반가가 투쟁가나 군인, 해적이 아니라서 등반을 하게 된다[2]는 리오넬 테레이Lionel Terray의 의견에 전적으로 동의합니다.

등반이란 공격성을 도전의 스포츠로 승화하는 숭고한 열정 중 하나입니다. 공격성은 가스통 바슐라르가 말했듯 지배에 대한 가학성을 나타냅니다. 그러나 등반가나 가이드의 무모함, 우아함, 용기는 인간의 속도로 정상에 오른다는 소박한 즐거움을 절대 감소시키지 않습니다. 산은 나처럼 끈질긴 아마추어를 포함해 모든 가족을 수용할 수 있을 정도로 충분히 거대합니다. 이상하게도 한때 시골 사람들이 거칠고 상스러운 사람이라고 여겨졌지만, 이제는 프러시아 사람들에게 형편없는 취급을 당하는 촌놈이 된, 얼큰히 취한 도시인을 그렇게 생각합니다. 그들은 주머니에 손을 넣고, 내가 생-베랑에서 본 몇몇 사내아이처럼 휘파람을 불며 등반하는데, 이 사내아이들은 벽에 딱 붙어 있는 우리를 '좀생이들'이라고 부르며 놀리곤 했습니다. 프로에게 절벽은 친구이며 거실, 침실이라는 점을 묵인하고 있어서 서로를 금방 알아볼 수 있습니다. 프로는 산을 마치 낡은 모포인 듯 탐색하고, 한눈에 평가하며, 지하철을 타는 것처럼 올

2   Lionel Terray, *Les Conquérants de l'inutile*, préface de Jean-Christophe Rufin, Guérin, Chamonix, p. 119.

라갑니다. 관광객은 옷차림이 셰르파(히말라야 등산대의 짐을 나르고 길을 안내하는 인부 – 옮긴이) 같지만 그저 촌놈에 불과합니다.

사람들은 몽상가, 평지 사람들, 물질주의자와 하늘에 더 가깝기 때문에 이상주의자인 산골 주민을 오랫동안 구분해왔습니다. 그러나 세속적인 열정은 남자와 여자 모두에게 생겨나 산을 오르게 합니다. 사람들은 인간성의 인색함에서 벗어나고 있다고 생각하며, 그 인색함을 재생산합니다. 산은 확실히 누구에게나 열려 있지 않으며, 무엇보다도 연령과 수준이 문제가 됩니다. 요즘 산은 시민의 권리를 갖고 싶은 다양한 활동을 마치 밀푀유처럼 차곡차곡 쌓습니다. 땀을 뻘뻘 흘리며 숨을 헐떡거리는 어린 선수들 옆에서 전문가들은, 자신의 용기를 과시하는 허세꾼과 남근 모양의 피켈을 추종하며 교태를 부리고 꼭대기에 대한 자만심이 강한 사람들과 치열한 경쟁을 벌입니다. 자연에 대한 열정은 수상 목록에 대한 숭배로 변질됩니다.

산 정상을 수집하며 그 숫자를 세는 것에 대한 징후가 있었습니다. '이 세상 사람이 아닌 듯' 놀라운 능력을 지닌 카탈로니아인 킬리안 조르네트Kilian Jornet(전문 장거리 트레일 러너이자 스키 산악인 – 옮긴이)는 샤모니 교회에서 몽블랑 정상까지 4시간 57분 34초 만에 왕복했는데, 그것이 바로 징후였습니다. 그는 또한 브뢰유-세르비니아의 역에서부터 마터호른산, 라틴아메리카의 아콩카과산(6,962미터)까지 12시간 49분 만에 완주했으며, 5,100미터 높이의 수도원에서부터 산소, 고정 로프, 셰르파 없이 에베레스트를 38시간 만에 등반하는 또 다른 기록을 세웠습니다. 탄소 발자국의 범위에 대한 후회는 이런 눈부신 성공을 거둔 후였습니다. 그의 폐활량은 진정한 숭배의 대상이었습니다. 사람들은 그가 샤모니에 거주하는 동안 그의 에너지를 받기 위해 문밖에서 잠을 자기도 했습니다. 그의 폐활량은 타의 추종을 불허하는 수준이었으며 안정을 취하고 있을 때는 심박 수가 분당 40회였습니다.

1981년 10월에 8,000미터가 넘는 봉우리를 14개, 그리고 같은 해 12월에는 7개 대륙 최고봉에 오른 뛰어난 운동선수인 이탈리아-오스트리아인 라인홀트 메스너도 있습니다. 2019년에 6개월 6일 동안 산소마스크의 도움으로 8,000미터 14좌를 오른 전 영국 특수부대 출신인 니르말 푸르자Nirmal Purja는 말할 것도 없습니다!

말하자면 '누가 가장 높이, 가장 빨리' 오를지 경쟁하는 것인데, 경탄하는 것만 허락받은 구경꾼들은 따돌림당하니

다. 영국 작가 존 러스킨John Ruskin과 D. H. 로런스D. H. Lawrence
는 스스로를 지구의 주인이라고 믿으며 산 능선을 으스대
며 걷거나 꼭대기에서 수행하는 수도자처럼 정상을 오르는,
이 낭만적인 강박관념을 조롱하며 비꼬았습니다. 팔뚝과 용
기를 보여줘야만 했습니다.

　뛰어난 사람들만 모인 곳에서 경쟁은 치열했고, 산행
은 기껏해야 게임, 대항 의식 정도가 되었습니다. 뛰어난 설
계가이자 이야기꾼인 사미벨Samivel은 전쟁이 끝난 후 '자신
의 운명에 훈련된 영웅의 비극적인 눈'을 연상시키며 모두
와 어울리기를 거부하는, 이 오만한 등반가들을 조롱했습니
다. 오늘날 영웅은 대략 이런 뉘앙스로 텔레비전 뉴스에 출
연하고 산을 오를 때는 브랜드가 후원하는 카메라와 함께
합니다. 산이 부자연스러운 태도를 갖게 하고 있습니다. 늙
은 뱃사람이 있는 것처럼, 절벽을 기어오르는 야심 찬 연예
인들이 있습니다.

　나는 이런 유형의 성공이 주는 짜릿함을 이해합니다.
그리고 생태학은 빵을 먹지 않는다는 신념이 담긴 공언이
뒤따라오게 되는 화려한 행위에서 후회에 이르기까지, 비범
한 사람들에게서 볼 수 있는 거의 추의 동작 같은 움직임을
관찰합니다. 생의 끝자락에서야 금욕주의자가 되는 엽색가

처럼, 펠릭스 쿨파Felix Culpa, 즉 행복한 타락이라는 아우구스티누스적 차원에 머뭅니다. 정의로운 사람은 잘못을 저지른 적이 없는 무고한 사람이 아니라 회개하는 죄인입니다. 대중을 현혹하고 눈멀게 하는 시상대에 이어 다시 시작하거나 산을 더럽히지 않겠다는 약속이 뒤따릅니다.

기네스북은 공개적인 고백을 기록하고 확장합니다. 옛 소련 장성이 가슴에 메달을 모으는 것처럼 모두 산봉우리와 얼굴 면면을 수집합니다. 그들은 평범한 인간의 세계를 피하지만, 경기를 현대 인류의 질병인 '숫자를 계산하는 정신'에 굴복시키고야 맙니다. 나는 대담함과 능숙함으로 우리를 압도하는 남자와 여자들, 이 초인적 존재(그중에는 현재 익스트림 스포츠에서 은퇴한 카트린 데스티벨Catherine Destivelle 또는 스테파니 보데Stéphanie Bodet가 있습니다)를 존경합니다. 나는 그들을 마치 지렁이가 별을 바라보듯 우러러보지만, 그들의 우월함이 절대로 내 등반의 즐거움을 앗아가지 않습니다. 알렉상드르 뒤마Alexandre Dumas는 1786년 몽블랑의 첫 번째 우승자이자 샤무아 사냥꾼입니다. 또 뒤마는 수정 세공인 자크 발마Jacques Balmat에 대해 언급하면서 산 정상에 올랐을 때 그는 아마도 이렇게 말했을 것이라고 했습니다. "나는 몽블랑의 왕이다", "나는 이 거대한 받침대 위에 선 조각상이다".[3]

인생의 비탈에서 흔들리지 않도록

그 당시 우리는 이 교만한 외침을 이해할 수 있었습니다. 주변에 널린 수많은 전리품처럼 산을 길들이는 것은 선조의 공포를 정복하고 이 거인들을 발밑에 두고 짓밟으며 성장하는 것이었습니다. 오늘날에는 항상 더 많은 것, 더 높은 것, 더 먼 것, 더 빠른 것에 대한 집착이 넘쳐납니다. 등반 경력은 관례가 된 계층구조, 즉 처음에는 알프스산맥, 우랄산맥, 안데스산맥, 종국에는 히말라야에 이르는, 전리품 수집 같은 최고의 영광을 따라갑니다. 인간을 강한 집착에서 벗어나게 만든다고 생각되는 산은 사실 그 집착에 더 불을 붙이며 결코 누그러지지 않는 계층구조에서 쟁점이 됩니다. 멍청이 비도숑은 화가 나서 서로를 노려보고, 상사에게 했던 것과 똑같이 배척 행동을 합니다. 독창성이라는 악마가 시합 중인 작은 수탉을 움직입니다.

그렇게 산 정상에 대한 사랑은 이중의 움직임을 쫓아가는데, 한편으로는 엘리트주의에 상응하는 민주주의, 그리고 다른 한편으로는 초엘리트주의에 상응하는 민주주의 움직임입니다. 20세기 초 프랑스 알프스산 클럽의 기원[4]에서 몇몇 위대한 부르주아의 우아한 모험은 리조트와 등산길을

3   Gaston Bachelard, *La Terre et les rêveries de la volonté*, Corti, 1947, p. 348.

4   Antoine de Baecque, *op. cit.*, p. 63~66을 볼 것.

침범한 등반객에게 자리를 내주었습니다. 엘리제 르클뤼는 그의 저서 《어느 산의 역사Histoire d'une montagne》(1880)에서 두 가지 열정, '등반가' 열정과 '보행자' 열정 간에 펼쳐져 있는 높은 지역의 문명인을 묘사했습니다. 산을 산책하는 사람은 전문 등반가에, 보병은 영주—암벽 등반가와 빙하 등반가로 나뉩니다—에 반대합니다.

공중에서 줄타기하는 사람에게는 탁월함이, 발을 구르며 걷는 사람에게는 겸손이, 그리고 여기에 다른 관행이 추가됩니다. 산악 지대에서 혼잡한 보도의 조건을 되살려낸 트레일 러닝 또는 VTT(어떤 곳이라도 달릴 수 있는 자전거) 같은 것이 추가되지요. 보행자는 형광색 의상을 입고, 입에 담뱃대를 물고 끊임없이 피워대고, 예기치 않게 불쑥불쑥 나타나는 남자나 여자들이 작은 산길에서 두 배로 늘어납니다. 헬멧을 쓰고 자전거를 탄 채 부딪칠 위험을 무릅쓰고 급히 지나가는 사람들은 말할 것도 없습니다. 스쿠터와 사륜 오토바이만 제외됩니다!

산을 오르락내리락하며 아무것도 보지 않고 상상으로 성공을 준비하는 땀에 젖고 냄새나는 이 체조 선수를, 대중은 막연하게 질투하고 불평을 쏟아내며 서로 밀치곤 합니다. 그들은 멀리 당신을 따돌리고, 당신이 구현해낸 부지런한 철도 공무원에 반대하며 불평을 토로합니다. 그들은 사람의 흔적을 어지럽히는 자갈과 울퉁불퉁한 길에 무심하며 공중에 머물고 싶어 합니다.

트레일 러닝, 영어 그대로 말하자면 '러닝running'의 하위 분야인 트레일 러닝은 무엇보다 과잉 민주화를 의미합니다. 중력을 지배한다는 자부심, 보통 사람들이 오랜 시간 덮어 온 것을 재빨리 관통한다는 자부심이 바로 과잉의 민주화입니다. 여름이 끝나갈 무렵 샤모니에서 열리는 UTMB(Ultra Trail du Mont Blanc, 몽블랑에서 열리는 트레일 러닝 대회 – 옮긴이)는 종종걸음으로 서두르고 질주하는 수많은 도전자가 비탈길을 공략하며 시작됩니다. 경쟁의 극단적 개인주의가 속도에 대한 열광에 휩싸입니다. 그들에게 이렇게 물어보고 싶습니다. 통증은 없어요? 건염, 족저근막염, 근육 파열은 없어요? 어떻게 보면 코카인에 취한 셰르파 같다고 해도 좋을 것 같습니다.

관절 골절, 척추 손상, 심장마비 등의 위험을 무릅쓰고 나이에 상관없이 모든 사람이 길을 재촉합니다. 흰 머리카락, 뻣뻣한 다리, 힘없는 배를 아랑곳하지 않고 산에 오르는데, 특히 유행을 따르고 싶어 하는 중년층 사이에서 이보다 더 격렬하게 반목을 자극하는 건 없습니다. 다가올 나이와 무기력이라는 유령이 그들에게 날개를 달아줍니다. 울트라 트레일은 그들에게는 일종의 충격요법입니다. 일종의 편집 광적 분노가 그들을 사로잡고 자발적 고통에 중독시키면서 스폰서들이 돈을 지불하고 감독하는데, 울트라 트레일은 수익성이 큰 사업이기 때문입니다.

등반에는 여러 파가 있습니다. 도덕적 엄격함(필리프 클로델Philippe Claudel[5]), 밧줄의 유대감(로제 프리종-로슈Roger Frison-Roche), 극한의 모험(리오넬 테레이, 발테르 보나티Walter Bonatti, 안셀름 보Anselme Baud), 대담한 무정부주의(라인홀트 메스너), 허공과의 포옹(스테파니 보데), 신비주의적이라고 할 고행(에리 데 루카Erri De Luca), 참여적 댄디즘(실뱅 테송Sylvain Tesson) 등을 내세우는 여러 파가 있습니다.

이기고 이루어야 할 성공에, 불가능한 길을 열어야 한다고 집착하는 영웅주의의 악마에 시달리지 않고도 산을 사랑할 수 있습니다. 팀이 더 이상 애국심이나 국가주의적 이상에 따르지 않을 때, 앞으로 나아가게 하는 원동력은 바로 등반가의 개성입니다. 그는 저주받은 자에 걸맞은 고통을 겪고, 인간 인내의 한계를 시험당하고, 대다수 사람에게

5   Philippe Claudel, *Le Lieu essentiel*, Fabrice Lardreau와의 인터뷰, Arthaud, 2018.

거인이건 광인이건 '나'라는 인간을 떠올리게 합니다.

산을 다룬 문학작품 속에는 두 차례의 전쟁 사이 탐험의 순간, 1945년 이후 애국주의의 순간, 위대한 발견자들과 함께한 엄격한 도덕의 순간 등이 있습니다. 그런 저술이 오늘날에 지배적인 개인주의, 말하자면 개인적 발전 담론이나 생태주의와 혼합된 신불교 담론에 포장된 '성과에 대한 과시'에 장악되었습니다. 나는 이 모든 뛰어난 존재들과 생각과 열정을 공유합니다.

사람들은 우리를 관광객 또는 순수주의자라는 다소 곤란한 대안에 가두려고 합니다. 산은 자신을 사랑하는 모든 사람을 수용할 만큼 광대합니다. 이 관대하고 끔찍한 계모는 때로는 자신이 낳은 산물 중 일부를 죽이기도 하지만 또 어떤 다른 것들을 황홀하게 만들기도 합니다.

절벽을 지배하려는 사람들이 있습니다. 그리고 그 장소의 장엄함 앞에서 더 강렬하게 느끼고 멈춘 채 가만히 머무르기 위해 산을 오르는 사람들이 있습니다. 나도 그들 중 하나입니다. 나는 산을 오르지 않은 것을 후회하지 않고 가장 높은 봉우리 앞에서 경의를 표합니다. 나는 업적이 주는 교훈보다 가능성의 지혜를 더 선호합니다. 나에게 등반은 무엇보다 기도를 올리는 것이고, 더 우월한 힘과 관계를 맺는 것입니다. 몸이 그것을 감당할 수 있도록 해달라고 기도하면 등반하는 도중에 나를 포기하는 일이 일어나지 않게 됩니다. 나는 자신보다 더 큰 무언가에 도전하려는 의지에 담긴 자부심을 이해할 수 있습니다. 그것은 젊음의 장엄한 광기입니다.

그러나 자신의 수준에 맞는 도전을 선택하고, 자신을 넘어서는 거대함은 포기해야만 합니다. 나는 리오넬 테레이의 책《무용한 것의 정복Les Conquérants de l'inutile》에 나오는 구절을 좋아합니다. 다음은 뛰어난 운동선수가 자신의 고객 중 한 명—3시간 만에 몽블랑(3,478미터) 대산맥의 그레퐁Grépon 정상에 지치지 않고 올라간 후, 이 아름다운 등반을 과도하고 요란한 행진으로 마무리 짓기 위해 푸Fou 산봉우리 남쪽 능선으로 합류하자는 가이드의 제안을 거절한 독일어권 스위스에 사는 사람—에 대해 얼마나 놀랐는지를 묘사한 구절입니다.

"오, 아닙니다, 테레이 씨. 저는 그런 것에는 관심 없어요. 물론 저는 아주 빠른 속도로 등반하는 게 흥미롭다고 생각합니다. 방금 우리가 그랬던 것처럼 말이죠. (…) 하지만 이제 충분합니다. 제가 산에서 좋아하는 건 자연과의 조우,

멋진 풍경에 대한 사색이 있기 때문입니다. 게다가 날씨가 화창하고 당신은 하루 시간을 냈으니, 정오까지 여기에 머무를 겁니다." 이 남자는 광란의 속도보다는 축하 분위기를 선호한 철학자였습니다.

위대한 등반가들은 전기에서 8,000미터의 고도에 오른 것이 그들의 괴로움이나 슬픔을 얼마나 날카롭게 했는지를 인정했는데, 이는 예사롭지 않아 보입니다. 세계 최고봉을 섭렵한 오스트리아계 이탈리아인인 라인홀트 메스너는 자서전에서 자신의 업적에 대한 얘기와 낭가 파르밧Nanga Parbat(파키스탄 최고봉으로 8,129미터)을 하산하던 중 동생이 사망한 후 끊임없이 자신을 비방한 독일 등산 클럽과 화해하는 과정을 교차해가며 이야기하고 있습니다. 등반가의 최대 적은 등반가 자신인 것처럼 말입니다.

발테르 보나티는 동료들보다 '극단적으로 고독한 투쟁에 대한 열광[6]'을 더 선호한 것에 대한 동료들의 질투와 비난에 지쳐 이 바닥을 떠났습니다. 그는 1954년 K2에서 원정대 동료 2명에게 배신당해 8,100미터의 비박지(텐트를 사용하지 않고 지형지물을 이용해 하룻밤을 보내는 장소 – 옮긴이)에

6   Walter Bonatti, *Montagnes d'une vie*, J'ai lu, 2012, p. 327.

서 운명에 자신을 맡기고 목숨을 잃을 수도 있었습니다(그는 분노를 가라앉히지 못한 채 40년 후 두 권의 책에서 자신의 이야기를 정리했습니다).[7]

우리가 정당하게 정상에 올려놓은 모든 소유물은 매우 인간적인 반사 신경을 가지고 있습니다. 1950년 루이 라슈날Louis Lachenal, 가스통 레뷔파, 리오넬 테레이와 함께 모리스 에르조그Maurice Herzog가 안나푸르나에서 집단 등반에 성공했지만, 지구인들은 지속적으로 그들을 비하하고 심지어 그들이 거짓말을 한다고 비난했습니다. 모리스 에르조그는 손가락과 발가락이 절단된 채 순교하면서 자신을 바쳤고—그는 자신의 책에서 손가락과 발가락이 절단되는 것에 대해 환각적으로 설명했습니다— 순수한 우정으로 그를 따라 정상에 오른 루이 라슈날의 희생으로 국민 영웅의 반열에 올랐습니다. 그러나 아름다우면서도 잔인한 소설에서 그를 허영심 가득하고 음탕한 가부장으로 묘사한 그의 친딸 펠리시테의 말을 믿는다면 그는 과대망상증이며 폭군인 것으로 밝혀졌고 심지어 근친상간 혐의로 비난받았습니다.[8]

---

7   *Le Monde*, 28 août 2001, 《La folie du K2》 par Charlie Buffet.
8   Félicité Herzog, *Un héros*, Grasset, 2012.

사소한 질문이 있습니다. 오늘날에는 아버지와 어머니를 세간의 지탄을 받게 하는 책이 무수히 많습니다. '난 가족을 증오해'가 다시 유행하고 있습니다. 구타와 학대를 당한 자녀들이 부모를 여론의 법정으로 끌고 나와 복수를 외칩니다. 부모님이 살아 계실 때 그들에게 상처 입힐 위험까지 감수하며 부모님과 합의해야 할까요, 아니면 그들이 돌아가실 때까지 기다려야 할까요(내가 아버지와 그랬던 것처럼)? 이는 개인의 윤리 문제이고, 저자의 자녀들이 할아버지 또는 할머니에게 복수하기 위해 차례로 그들을 고문할지 보는 건 흥미로울 것입니다.

모리스 에르조그는 진실을 숨겼다는 의혹에 대해 무혐의 처분을 받았는데, 헤겔의 유명한 문장을 떠올리지 않을 수 없습니다. "그의 대리인에게는 영웅이 없습니다. 영웅이 영웅이 아니기 때문이 아니라 대리인은 그저 대리인에 불과할 뿐이기 때문입니다."

그러나 이 고도의 왕자들은 스스로 허점을 보이며 빌미를 주고 있습니다. 그들은 다른 모든 직업과 마찬가지로 서로 질투합니다. 그들은 끈질긴 원한을 품고 있으며 어떤 대가를 치르더라도 자신의 평판을 지키고 싶어 합니다. 상위권에 있다고 해서 평범한 경쟁을 비켜갈 수 있는 것은 아닙니다. 그리고 경쟁에서 승리할 때 선조와 싸우게 되는 사람들은 바로 다음 세대입니다.

자아의 투쟁은 계속됩니다. 우리는 자신이 최악의 결점과 싸우고 있다고 믿으며 그 결점들을 산 정상으로 옮깁니다. 왜 달라야 하는 것일까요? 행위를 찬양하고 배우들의 비루함은 잊어버립시다.

인생의 비탈에서 흔들리지 않도록

6장

산에서 겪은 일들

"아침을 믿어야만 하고, 아침은 믿게 만듭니다.
걸을 때는 항상 동틀 무렵에 출발해야 합니다."

— 프레데리크 그로Frédéric Gros,《걷기, 두 발로 사유하는 철학》

돔 데 제크랭 기슭에 송곳니가 줄지어 있는 것처럼 무시
무시하게 긴 행렬을 이루며 서 있는 세락(갈라진 빙하의 틈
때문에 생긴 탑 모양의 얼음덩이 – 옮긴이)을 지나고 나면, 해
발 4,000미터쯤에서 올라가야 할 빙벽이 나타납니다. 8월
15일 아침 9시 30분, 우리는 세 시간째 서 있었고, 가이드들
이 인내심을 발휘해가며 통제하는 대기 줄이 늘어서 있습
니다. 벌써 날이 더워져 기껏해야 0도 정도라 해빙의 위험
이 있습니다.

딸과 함께 온 안경을 낀 영국 노인(내 눈에는 고작 55세 정
도 돼 보이는)은 어느 누구의 허락도 구하지 않고 혼자 등반
하기로 결심합니다. 그의 머리 위로는 손을 베일까 두려워
하는 물고기 비늘처럼 얼음이 반짝거립니다. 그는 프랑스

사람들이 마음대로 하도록 내버려두지 않을 작정으로 섬나라 사람의 용기, 그리고 일찍이 브렉시트에 찬성한 사람들의 반역자다운 당당함에 완전히 사로잡혀 있습니다. 그의 딸이 "아빠, 조심해요"라며 경고하지만, 그가 피켈로 얼음을 찍고 좀 세게 힘을 가하자, 표면에서 거대한 얼음덩어리가 쪼개져 나왔습니다. 얼음은 벽을 타고 굴러떨어져 하마터면 기다리던 사람들을 죽일 뻔합니다. 가이드들은 고래고래 소리 지르며 그에게 다시 내려와 다른 사람들이 지나가기를 기다리라고 명령합니다. 불쌍하게도 그는 다시 돌아와 딸에게 심한 질책을 받습니다. 사과한 후 기가 죽은 채 앉아 있는 그의 눈에서 눈물을 본 것 같습니다. "아빠" 하고 터져 나오는 소리는 애정의 표시가 아니라 칼날과도 같습니다. 부모에게 자식을 창피하게 하는 것보다 더 고약한 일은 없으니까요.

한 시간쯤 후, 그는 자신이 감동을 안겨주고 싶었던 딸의 존경심을 잃고 망신당한 채 정상에 오릅니다. 나는 그가 짠하게 느껴지며 위로해주고 싶은 마음이 들었습니다. 영광의 왕국(Kingdom)은 불명예의 왕국으로 바뀌었습니다.

높은 산에서는 종종 시험대에 오르게 됩니다. 1940년대에 등반 클럽이 지은 곳으로, 2,800미터 높이에서 좌초된

화물선 같은 모습으로 소변과 렌즈콩 냄새를 풍기던 브리 앙송 지역의 한 산장에서, 나는 꽤 우아하고 나르시시즘을 토대로 결합되어 상대방을 감탄의 대상으로 바라보는 젊은 이탈리아 커플을 다시 보게 됩니다. 그들은 투박하고 거친 사람들이 대부분을 이루는 이 집단과 어울리지 않습니다. 최신 장비와 패션 위크의 런웨이에 걸맞은 차림에 눈부신 미소와 빛나는 머릿결을 지닌 그들은 송곳니가 드러나는 승자의 미소를 지으며 정상 정복에 나섭니다. 암벽 로프에서 그들 의 다정한 말싸움은 상상하기도 어렵습니다.

오후 2시쯤, 젊은 남자가 홀로 얼이 빠진 채 돌아옵니다. 그는 난처해하며 산장 관리인에게 자신의 약혼녀가 뒤따라오고 있다고 설명합니다. 두 시간 정도 후, 장비의 절반쯤을 잃어버리고 머리는 헝클어진 약혼녀가 도착하자 엄청난 싸움이 벌어집니다. 그녀는 근사함은 잃어버렸으나 목소리는 그대로였습니다. 우리가 생각하기에 여자의 느린 속도에 짜증이 난 남자가 빙하 위에 그녀를 버려둔 것 같았습니다. 좀 더 빨리 돌아오기 위해 그녀에게서 도망쳤던 것이지요. 너무나 큰 실수를 저지르고 만 것입니다. 여자는 약혼자에게 욕설을 퍼붓고는 눈물을 흘리며 소지품을 챙겨 혼자 계곡으로 다시 떠납니다. 남자는 여자를 붙잡을 생각도 하지 않습니다. 끔찍한 생각이 떠오릅니다. 여자를 떼어버리기 위해 그녀가 크레바스crevasse(빙하가 갈라져 생긴 틈 - 옮긴이)에 빠지기라도 하길 바란 것은 아닐까?

산 고개 쪽으로 접근하면 별안간 와이파이wi-Fi가 다시 작동하고 메시지 알림음이 유쾌하게 울려댑니다. 당신은 동료들이 던지는 묵직한 비난의 눈길 때문에 감히 그 메시지를 확인하지 못합니다. 정상에 도착하고 난 후, 얼어붙은 손가락으로 휴대폰을 확인하면 와이파이는 이미 끊겨 있습니다. 당신은 투덜거리며 다음번에는 팀 전체를 외면하고라도 누구에게 전화가 왔는지 확인하겠다고 다짐합니다. 좁디좁은 곳에 발을 딛고 잠시 균형을 잡고서 드디어 문자를 본 순간, 당신은 찬물을 한 바가지 맞은 듯한 기분을 느낍니다. 광고성 문자, 귀찮은 전화와 원치 않는 전화 두 통이 와 있을 뿐입니다. 휴대폰은 현시대의 보바리즘bovarysme, 즉 광적인 희망 뒤로 한없이 이어지는 실망을 안겨주는 도구입니다.

스위스 발레주의 아롤라 근처에서, 나는 샤모니-체르마트 오트 루트Haute Route Chamonix-Zermatt(샤모니와 체르마트를 잇는 고지 트레킹 코스 - 옮긴이)와 합류되는 고개까지 홀로 오릅니다. 저 멀리 마터호른산이 활처럼 휜 피라미드 모양으로 서 있습니다. 전망을 보기 위해 올라간 고개에는 조그만 언덕이 솟아 있습니다. 그 조금 아래쪽, 넓고 평평한 돌 위에 완전히 벌거벗은 채 햇볕에 몸을 내맡기고 있는 남녀를 발견합니다. 그들은 눈을 감고 가부좌를 한 채 우주와의 접속을 시도하고 있습니다. 나처럼 몰래 훔쳐보는 사람에게는 안타깝게도 두 사람은 이번이 처음이 아닌 듯합니다. 그들이 저린 다리를 풀기 위해 일어섰을 때, 쓰러지기 직전에 이른 두 나체가 보입니다. 둘 모두 엉덩이는 없고, 뒷모습은 마치 바람이 쓸고 간 것처럼 여러 겹으로 주름진 낡은 행주같이 늘어져 있습니다. 나는 눈을 돌리고 조용히 다시 길을 갑니다. 그들은 젊음의 원천, 자외선을 통해 회춘하러 3,000미터를 올라왔던 것입니다.

그날 저녁, 나는 쿠르하우스 호텔에서 현지 복장을 한, 꽤 품위 있는 그들을 다시 마주칩니다. 그들은 스위스식 독일어로 대화하며, 펜당(스위스의 발레에서 재배하는 포도 품종 및 그 포도로 만든 화이트 와인 - 옮긴이)을 들이켭니다. 술은 고도에서 노출하는 것보다 더 큰 행복감을 선사하는 치료제입니다. 나는 이 비밀을 그들과 공유하는 것을 조금 어색해하며, 그들을 바라봅니다. 그들은 또한 앙드레 지드가 비난했던─그리고 나는 더더욱─산 정상에서의 갱생이라는 스위스 개신교의 신화를 믿습니다. 나는 식당 전체가 마치 하나의 종교 집단처럼 첫 햇살이 내리쬐는 바위 위에 발가

벗은 모습으로 은밀하게 바뀌어 있는 것을 상상합니다. 깔끔한 악몽이자 폴란스키 감독의 영화 〈악마의 씨〉에나 어울릴 법한 시나리오입니다.

수치심 혹은 안도감:

산을 오르는 사람은 누구나 소화 기능을 뜻대로 통제할 수 없다는 것을 압니다. 2,500미터가 넘어가면 뱃속의 내장들은 자기 마음대로 움직이며, 이를 무시하는 사람에게는 난처한 일이 닥칩니다. 트리앙Trient 빙하 위에서 멀리 떨어져줌으로써 나를 배려해준 딸과 가이드 곁에서 이런 종류의 파국을 경험했던 나로서는, 높은 산 위에서 우리는 그저 부글거리는 장, 연소하는 폐, 미칠 듯이 뛰는 심장, 게워내는 위장에 불과하다는 것을 압니다. 고도에 더해진 불안감은 가혹하게도 그 현상을 촉진합니다. 체면 따위를 차릴 때가 아닙니다. 참을 수 없는 위급한 상황이니까요. 위대한 모험가이자 등반 챔피언인 스테파니 보데는 그랑 카퓌생Grand Capucin 봉우리(3,838미터)에서 급박한 욕구를 해소하기 위해 곡예하는 듯한 자세로 바지를 내려야만 했다고 이야기합니다.[1] 또 미국 서부 요세미티Yosemite 국립공원의 유명한 암벽

---

1   Stéphanie Bodet, *À la verticale de soi*, Guérin, p. 77~78.

인 엘 캐피탄El Capitan에서는, 로프 등반대는 품 튜브poop tube, 즉 오물을 담는 밀폐된 플라스틱 통을 지참해야 하는데, 이는 그 뒤를 따라 올라오는 사람들에게 무례하게 흩뿌려질 위험을 무릅쓰며 오물을 끌고 다녀야 한다는 사실을 말해줍니다.[2] 몇몇 절벽은 그렇지 않아도 지독하게 오르기 힘든 와중에, 마치 개똥이 즐비한 파리의 보도처럼 배설물로 뒤덮여 있습니다. 산의 시적 아름다움이 그 한계를 보입니다.

깨진 자기도취:

당신은 하나의 코스를 오랫동안 준비하고, 몇 주 동안 단련하며 가능한 모든 경로를 생각해보고, 일기예보를 참고합니다. 계획은 거의 강박으로 바뀝니다. 드디어 그날이 오면 다른 사람들과 함께 등반을 시작합니다. 끈질긴 달팽이처럼 고난을 견디며 거친 숨을 내쉽니다. 몇 시간 후, 마침내 정상에 도달합니다. 갑작스레 스스로에게 자부심이 마구 생겨납니다. 저녁 무렵 산장으로 돌아와 잘난 척하지 않으며 조심스레 무용담을 이야기합니다. 현지인의 반응은 이렇습니다. "그래요. 기분 좋은 산행이지요." 기분이 좋다니! 내게는 피땀나는 노력이 필요했답니다. 당신들에게는 즐거

2   Ibid., p. 212~213.

운 산책이지만 난 수백 번은 죽는 줄 알았다고요!

등반을 시작하기 전날 밤은 묵묵한 몽환적 세계입니다. 멀리에서는 와지직 하고 빙하 갈라지는 소리와 돌이 굴러 떨어지는 요란한 소리가 울리며, 매우 가까워 보이는 별들로 수놓인 하늘에는 수많은 점처럼 보이는 별자리가 가득합니다. 우리는 강한 힘에 사로잡혀 깊은 침묵에 잠깁니다. 바다는 성을 내며 소리 지르고 산은 그르렁댑니다. 땅이 따닥따닥 숨 쉬는 소리는 해안으로 밀려오는 파도의 측면에 화답합니다. 산봉우리는 달빛에 비친 그림자 속에서 날카로운 모서리, 깎아지른 경사면, 자객의 검처럼 뾰족한 기둥으로 사방에서 두드러져 보입니다.

이른 아침, 아이젠은 단단한 눈 속에 잘 박히며, 옅은 분홍빛 안개가 산 정상에서 걷힐 무렵은 마법과도 같습니다. 잠깐의 시간, 하늘은 짙은 푸른색이 됩니다. 눈 결정은 완벽한 광채로 빛납니다. 낮은 우리를 다시 빛으로 데려가고, 밤이 앗아갔던 에너지를 돌려줍니다. 우리는 정상에서의 경건한 감동을 예견하는 존경과 두려움이 섞인 어떤 경외감 속으로 나아갑니다. 이는 우리보다 더 높은 곳을 향해 우리를 데려갈 어떤 신성한 모습에 대한 것입니다.

우리는 다른 행성, 우주에 속한 공간의 땅을 밟게 됩니다. 짜릿한 황홀감에 빠집니다. 2,500미터 상공에서 느껴지는 정적은 낮은 소리의 소음이고, 청각이 새로 적응해야만 하는 가짜 고요함입니다. 마음의 평온은 진짜가 아닌 까닭에 두려움 속에서, 우리를 거부하는 난공불락의 요새인 암벽으로 이루어진 뾰족한 정상을 바라봅니다. 라피아즈lapi-az(물에 의한 표면 침식 - 옮긴이)로 생긴 홈, 즉 물이 흐르며 파여 생겨난 석회암 형성물은 약간 거친 피부 같아서 조심스럽게 만져야 하며, 그 날카로운 요철은 두려워 보입니다. 내려오는 길은 늘 빙하 미나리아재비, 물망초, 용담 같은 꼿꼿한 작은 꽃들의 향기를 맡는 시간이 될 것입니다. 그리고 햇볕에 달궈져 해질녘 숨 쉬는 바위의 냄새는 마치 식물계와 광물계가 그들만의 특권을 교환하는 것처럼 정체를 알 수 없는 무언가를 지니고 있습니다.

여름 끝 무렵 블루베리를 채취하기 위해 금속이나 너도밤나무로 만든 '블루베리 빗'이라는 물건이 있습니다. 이 명칭은 나를 매혹합니다. 열매를 수확해 집으로 가져오기 위해 나무를 빗질하고 있는 내 모습을 상상하게 됩니다.

우정:
이는 무엇보다 열정이 있는 이들 사이의 작은 모임입니

다. 서로 친분이나 공통의 프로젝트를 나눌 뿐 아니라 동기를 부여하는 역할을 하기도 합니다. 또 우정은 저마다에게 생각지도 못한 능력을 끌어냅니다. 친구라는 존재는 당신에게 부족한 대담함을 불어넣어주고, 당신을 성장시킵니다. 그저 과거를 함께 떠올리는 목격자가 아니라 당신을 끌고 가는 힘인 것입니다. 부부도 마찬가지입니다. 남편 혹은 아내 또한 당신을 끌어당기는 자극제입니다. 우리는 둘일 때 더욱 강하며, 좋은 팀을 이룰 때 더욱 강력해집니다.

1977년, 당시 자카르타 대사관의 외교 고문이던 로랑 오블린Laurent Aublin과 그의 아내 파스칼과 함께 노새를 타고 인도네시아 자바섬에 있는 브로모Bromo산에 올랐던 것이 기억납니다. 우리는 전날 밤 산장에서 묵고, 다음 날 아침 6시 해 뜰 무렵 거대한 모래사장이 펼쳐진 바다에 도착했습니다. 정말 강렬한 인상을 주어서, 저 멀리 말을 탄 사람의 윤곽이 보이는 세상 끝 풍경 같았습니다. 유황 냄새가 나는 가스를 분출하고 불을 뿜어내는 분화구는 원뿔 모양 과자, 즉 거대한 카눌레(세로로 홈이 파인 원통형 모양의 프랑스 과자 - 옮긴이)를 닮았습니다. 마법 같은 순간이었습니다. 2019년 다시 그곳에 갔는데, 신성한 산은 그 사이 상업적 공간으로 변했고, 분화구 주변에 접근하려면 줄을 서야 했으며, 마음을 사로잡던 것은 사라지고 없었습니다.

나는 다른 활화산이나 휴화산도 방문했는데, 카리브해의 마르티니크Martinique섬에 있는 1,397미터 높이의 펠레Pelée산은 가장 음흉하고 위험한 곳으로, 1902년 3만 명의 목숨을 앗아갔으며, 언젠가 경련과 진동 속에 다시 깨어날 것입니다. 가장 귀여운 화산은 레위니옹Réunion섬에 있는 피통 드라 푸르네즈Piton de la Fournaise(2,500미터) 화산이었습니다. 내기억으로는 길가에 조그만 분화구, 즉 자연이 만든 부글부글 끓어오르는 솥단지가 흩어져 있었습니다. 마치 두더지가 땅을 파며 쌓아놓은 흙더미와 같은 생김새에, 조금씩 뱉어내는 뜨겁고 작은 구멍이 너무나도 많아서 마치 소행성의 어린 왕자처럼 청소를 하고 싶다는 생각이 들기도 했습니다.

화산의 분화는 콩고 동부의 도시 고마나 카나리아제도의 팔마에서처럼, 대부분의 경우 생명을 앗아가며 지역을 황폐화합니다. 하지만 우리를 매혹하는 경우도 있습니다. 2021년 봄 아이슬란드에서처럼 화산이 깨어날 때는 갈라져 터지는 틈이 커지며 검은색 현무암 위로 주황빛 용암이 흘러내리는 환상적 색채의 마술을 부립니다. 전 세계적 이벤트이며 축제와도 같은 기회입니다. 사방에서 사람들이 몰려와 그 주변에서 노래하고 춤추고 배구를 하며, 신혼부부들은 뜨거운 용암 물결 앞에서 포즈를 취하고, 사람들은 달궈진 돌 위에 소시지나 스테이크를 구워 먹습니다. 끓어오르는 산은 불꽃을 피해가며 분화를 기념하는 사람들의 친구가 됩니다.

10세 무렵, 메제브에서 어머니와 나는 스키를 타며 푸짐한 음식을 제공하는 작은 2성급 사핀Sapins 호텔에 묵었습니다. 우리는 로슈브륀Rochebrune의 고풍스러운 리프트를 탔는데, 닻처럼 생긴 금속 기둥에 개암나무로 만든 2인용 좌석을 부착해, 양쪽으로 사람을 태우게 되어 있어 도착지에서 한 사람은 오른쪽으로 다른 사람은 왼쪽으로 내려야 했습니다. 정상에서 몇 미터 떨어진 곳에서 케이블의 장력과 두려움 속에 나는 왼쪽으로 넘어지고 어머니는 오른쪽으로 비틀거렸습니다. 리프트가 멈추자 나는 경사면으로 굴러떨어졌습니다. 이 일을 겪은 후 트라우마가 생겨 몇 년간 지속됩니다.

다음 날 우리는 다시 같은 리프트를 타게 되었고, 도착지에 다다라서 또다시 넘어졌습니다. 이는 마치 한 사람의 무능이 상대방의 무능을 야기하는 발레를 추고 있는 것과 같아서, 아마도 어머니가 자신의 약점을 내게 전파했거나 반대로 내가 어머니의 약점을 몇 배로 키웠던 것 같습니다.

어머니는 그때 나를 야단치고, 잘해낼 때까지 되풀이하도록 강요했어야만 했습니다. 이후 우리는 꼼짝도 못하고, 그 기계적인 시설을 이용하기보다 차라리 스키를 타고 다시 올라가는 쪽을 택했습니다. 이렇게 해서 유년 시절의 공포증이 형성되었습니다.

나는 반세기 전으로 돌아가 어머니와 함께 별것도 아니었던 이 장애물을 극복하고 싶습니다. 오래전 나는 부모님에 대한 서운한 감정이나 분노를 모두 버렸습니다. 그리고 무엇보다도 그들을 결합시켰던 서로를 파괴하는 관계로부터 떼어내 화해시키고 싶습니다. 남자와 여자, 형제자매, 갈라섰던 부부가 묵은 감정을 정리하고 서로 안아주고 눈물 흘리며 용서를 구하는 화해의 방. 아마도 이것이 사후 세계가 아닐까 합니다.

다시 스위스에서, 빙하 위로 내려가 샤모니-체르마트 오트 루트에 있는 카반 데 딕스Cabane des Dix 산장으로 합류하기 위해 우리는 두 구간으로 연결된, 현기증이 날 정도로 수직인 사다리 앞에서 망설이고 있었습니다(이후 그 사다리는 개조되었습니다). 로프도 없어서, 조금이라도 현기증을 느끼거나 헛디디면 치명적일 것입니다. 벽에 고정된 거대한 나비처럼 엄청난 공포감이 사다리 칸 위에 달라붙어버렸습니다. 그때 가죽 바지 차림에 깃털로 장식한 모자를 쓴 건장한

80대 노인이 사다리의 첫 번째 칸을 움켜쥐고는 내려가기 시작했습니다.

"이보게 젊은 친구들, 그냥 해봐요!"

노인의 듣기 좋은 말은 통하지 않았습니다. 그 모자의 깃털이 사라져가는 것을 바라보며 우리는 길을 되돌아갔습니다.

2021년 4월 8일, 에귀유 뒤 미디Aiguille du Midi산의 아침 기온이 섭씨 영하 43도였다는 사실은 주식시장의 온갖 수치보다 더 나를 기쁘게 합니다. 이 기록적인 추위는 매우 예외적인 것으로, 북극에 집이 있는 것과 같았습니다. 하지만 같은 해 9월 중순, 측량 기사들이 2017년 마지막으로 측량한 이래로 몽블랑이 90센티미터나 줄어들었음을 발견했습니다. 이는 샤모니 골짜기가 발칵 뒤집힐 만한 일입니다. 우리는 약간의 치통과 열도 걱정스러운 어린아이를 돌보듯이 그 거대한 산을 지켜보았습니다.

스위스 보Vaud주에 있는 1,200미터 높이의 빌라르-쉬르-올롱Villars-sur-Ollon의 작은 역이 기억납니다. 한 무리의 새끼 염소 특공대가 역을 장악하고 있었는데, 이들은 케이블카가 도착하는 즉시 올라타 출발을 기다리는 것 외에는 딱히 더 좋은 방법을 찾지 못한 듯했습니다. 나는 무임승차한 그 무리와 검표원 사이의 대화를 상상해보았습니다.

찬물 끼얹기:

16년 전, 우리는 모리셔스인 친구와 함께 몬테비소Monte Viso산 근처에 있는 구리 폐광을 방문한 뒤, 이른 오후 해발 2,850미터에 있는 아녤Agnel 산장에 도착했습니다. 엄청난 열기로 더위에 지쳐 탈수 상태가 되었기에 물을 몇 병이나 들이켰습니다. 그때 낯선 사람이 활짝 웃으며 다가와 "전 당신이 하는 일을 너무도 좋아합니다"라고 했습니다. 나는 어리둥절한 표정을 지었습니다. 그는 이렇게 말을 이어갔습니다. "그런데 가끔 어리석은 말을 하시더군요." 그러고는 최근 내가 출연한 라디오 방송에서, 만일 신이 정말로 존재한다면 그는 못되거나 무능한 것 같다고 한 말을 상기시켰습니다. 그 사람은 창조주가 피조물인 인간에게 허락한 자유에 대한 긴 연설을 늘어놓았습니다. 내 주장에 조금도 동의하지 않는, 잔뜩 화가 난 기독교 신자를 우연히 마주친 것입니다. 나는 내 생각을 고수하며 끈질기게 버티다 대화를 끝내기 위해 격앙된 채 일어섰습니다. 그 사람을 설득하지 못한 자신에게도 화가 났습니다. 그 후 산장에 갈 때마다 싸우길 좋아하는 인간과의 있을 법하지 않은 신학적 논쟁에 대해 각오를 다집니다. 모든 것이 화합과 유대감을 갖게 하는 이 장소들에서도, 하나님은 여전히 누군가를 갈라놓는데 성공합니다.

어중간한 아마추어:

나는 피아노와 산을 사랑합니다. 하지만 그저 애호가일 뿐, 피아니스트나 산사람은 절대로 되지 못할 것입니다. 건반을 마주하며 매혹적인 아르페지오, 열정적인 재즈, 정신을 쏙 빼놓는 찰스턴(미국 항구도시 찰스턴의 이름을 딴, 1920~1925년경 유행한 빠른 춤-옮긴이)을 꿈꾸지만, 매번 똑같은 한계에 부딪히고 맙니다. 낭떠러지와 암벽은 늘 내게 "넌 안 돼"라고 말합니다.

어떤 이유로 자신을 거부하는 것을 사랑하며, 대략 그렇고 그런 수준에 머무르는 걸까요? 또 그렇지 않은 이유는 무엇일까요? 각각의 취미에서마다 프로가 되어야 한다면, 우리는 아무것도 시작할 수 없을 것입니다. 피아노 앞에서 고심하고 경사면에서 인내하며 오랜 시간을 보낼지라도, 나는 시도하고 꾸준히 해나감에 행복을 느낍니다.

실스 마리아에 있는 니체 하우스는 여정 중 꼭 들러봐야 하는 곳입니다. 파란색, 빨간색, 흰색으로 새로 칠한 그곳은

인생의 비탈에서 흔들리지 않도록

부동산 잡지에 나오는 광고 같습니다. 1881년, 아마도 그곳에서 니체는《짜라투스트라는 이렇게 말했다》에 대한 구상이 떠올랐을 것입니다. 해발 6,000피트로 모든 인간사에서 벗어나 훨씬 더 높이 올라온 곳에 위치합니다(6,000피트는 2,000미터가 채 되지 않습니다). 집 내부는 또 다른 이야기를 들려주는데, 말 그대로 오빠의 작품을 독일 사회주의자에게 팔아넘긴 여동생에게 점령되었습니다. 침실은 초라하며 투박한 침대, 탁자, 의자 하나와 오래된 물병이 있습니다.

사진에서 자부심에 찬 프러시아식 콧수염을 기른 철학자는 정신이 나간 듯 보이며, 구부정한 모습입니다. 이미 그는 누이가 데리고 간 엥가딘Engadin 계곡의 공기 덕분에 기적적으로 정신병에서 살아난 노인에 불과합니다. 그는 바로 그곳에서 햇볕, 아름다운 지역, 선명한 산세를 통해 원기를 회복하지만 머지않아 광기가 그를 앗아가버립니다. "그곳은 모든 것이 거대하고, 한적하며 빛으로 환하다. (…) 근처에는 얼음덩이들이 있고, 고독은 무한하지만 햇빛 속에서 모든 것을 감싸는 평온은 얼마나 대단한가! 그곳에서 우리는 얼마나 자유롭게 숨을 쉬는지! 자신을 넘어 얼마나 많은 것을 느끼는가! 이제까지 내가 깨닫고 경험한 바와 같이, 철학은 자신의 의지로 빙하와 산꼭대기 위에 사는 것이다."[3]

독일 철학자 테오도르 아도르노Theodor Adorno는 꼬마들이 니체의 우산 속으로 자갈을 던져 넣어 그가 우산을 펴는 순간 머리 위로 우르르 쏟아지곤 했다고 짓궂게 말합니다. 니체가 오랜 산책 후 명상을 하며 머무르던, 그리고 영원 회귀에 대한 영감을 얻었을지도 모르는 유명한 바위로 말하자면, 그냥 호숫가에 있는 평범한 돌입니다. 프랑스 학생 세명은 동시에 그 돌을 발견하고는 실망감을 얘기합니다. 니체는 '삶에서 가장 큰 부와 가장 큰 기쁨을 얻는 비결은 위험하게 사는 데 있다'라고 썼습니다. 이 문구를 재현한 영국의 위대한 등반가 조 심프슨Joe Simpson은 이런 결론을 내립니다. "만일 니체에게 한 쌍의 피켈을 쥐여주고, 브라이들베일Bridalveil 폭포를 향해 그를 점잖게 떠밀고 갔다면, 아마도 그 말에 대해 한 번 더 생각해봤을 겁니다(콜로라도에 있는 저 얼음 폭포는 높이가 수백 미터에 달합니다)."[4]

위대한 사상이 태어난 곳은 대중에게 드러나며, 치장을 하고 '비장한 미화'로 전락할 위험이 있습니다. 사진들에서 다른 무엇보다도 매일 실바플라나Silvaplana 호수 주변을 가볍

3   Patrick Dupouey가 *Pourquoi grimper sur les montagnes?*에서 인용, Guerin, 2012, p. 145~146.

4   Joe Simpson, *Eiger, La dernière course*, Points-Seuil, p. 132, 2002, 프랑스어 번역판.

게 산책하는 피곤에 지친 노신사의 모습이 보입니다. 늙는다는 것은 걷는 행위를 잊어버리는 것입니다. 즉 걸음을 주저하게 되고, 발은 땅에 닿기까지 흔들리며, 높낮이가 조금이라도 있는 곳은 위험합니다. 계단을 어떻게 오르내리는지 보면 그 사람의 나이를 알 수 있습니다. 춤추고, 산에 오르고, 대자연에서 명상하고, 산책 중 사색을 하며, 노쇠하고 초라한 자신의 육체를 발견하는 것은 항상 복잡 미묘한 일입니다. 자신의 한계 이상으로 철학적 문제에 빠져들 위험이 있습니다.

'우둔한 사람들'에 맞서 한 마리의 '도도한 독수리'처럼 사색하고 싶었던 그 사람은 정신착란을 일으키기 직전의 숨 가쁜 노인처럼 보입니다. 그리고 나는 니체 철학의 한 부분인 초인, 자라투스트라, 금발 야만인에 대한 찬사에서, 이 사진들과 자료 때문에 사라져버리는 과장을 알아보지 않을 수 없습니다. '천박한 이들에 대하여'라는 제목을 붙인 장에서, 니체는 자신의 예언자에게 이렇게 말하게 합니다. "거센 바람과 같이, 우리는 그들 위에서 살고 싶다. 독수리의 이웃, 눈(雪)의 이웃, 태양의 이웃으로. 위대한 바람은 그렇게 산다." 하지만 내 상상 속 니체의 독수리는 쇠약한 가마우지나 늙은 비둘기에 더 가깝습니다. 우리 모두를 노리는 비극으로, 늙어 구부정해지는 것입니다. 그 작품은 창작한 사람이 죽고 난 후 새로운 가치가 부여되며, 니체는 건강을 '하나의 병을 또 다른 병으로 극복하는 방법'이라고 생각했습니다.

걷기가 모두 '사색적 여정'인 것은 아닙니다. 니체는 수사修辭(말이나 글을 다듬고 꾸며 보다 아름답고 정연하게 하는 일이나 기술 - 옮긴이)와 현실의 간극을 놀랍도록 잘 보여줍니다. 가스통 바슐라르가 옳게 말한 것처럼, 그가 산꼭대기가 아닌 고지의 사람이기[5] 때문입니다. 그는 상상 속에서 산을 오르며 무거움을 가벼움으로 바꾸고 '심연에 산 정상의 언어를 말하게' 합니다. 니체는 자신의 동족, 맹목적으로 추종하는 대중, 그리고 '모든 것의 가치를 깎아내리는 마지막 인간'에게 자신의 메시지를 전달하고자 산 중턱에서 내려온 인물입니다.

가장 엘리트적이거나 가장 구시대적 측면에서, 그는 내게 캐럴 리드Carol Reed 감독의 영화 〈제3의 사나이〉의 한 장면을 생각나게 합니다. 주인공 역을 맡은 오슨 웰스가 비엔나에 있는 프라터 공원의 대관람차를 타고 위에서 내려다

---

5   Gaston Bachelard, *L'Air et les Songes*, Biblios essais, 2020, p. 206~207.

인생의 비탈에서 흔들리지 않도록

본 인간들은 아무 가치 없는 개미일 뿐이라고 설명하는 장면입니다. 나는 니체 철학을 지지하는 사람들이 피곤합니다. 그들은 늘 과장합니다. 니체와 그의 다양한 재능을 존경하고 산을 매우 사랑하지만, 그 둘의 만남이 어떻게 정신이 불안정한 자들에게 우월적 망상을 갖게 만드는지 잘 알 것 같습니다.

20세기 전체주의, 즉 나치즘, 파시즘, 공산주의는 높은 산을 애국심과 용기를 배우는 곳으로 찬양하지 않았습니까? 1937년, 히틀러는 수많은 죽음을 대가로 최초로 아이거 북벽을 정복한 사람들을 칭송했고, 독일 등반 클럽은 1945년까지 유대인의 등반을 금지했습니다. URSS(소비에트사회주의공화국연방)에서는 아발라코프Abalakov 형제가 인민의 아버지를 기리기 위해 깎아지른 듯한 스탈린 봉우리(Stalin peak, 7,495미터)와 레닌 봉우리(Lenin peak)를 등반합니다. 이후 인민의 아버지는 형제들을 대숙청(옛 소련에서 스탈린이 저지른 정치적 탄압 - 옮긴이)으로 몰아넣음으로써 이들에게 감사를 표합니다.[6] '조국을 위해, 산으로'는 오랫동안 프랑스 등반 클럽과 초기 히말라야 탐험대의 신조였습니다.

이제는 각 국가가 더 이상 산 정상에서 서로 대결하지

---

6   아발라코프 형제들에 관한 Cédric Gras의 명저 *Alpinistes de Staline*(Stock, 2020)을 참조. 2020년 Prix Albert Londres 수상작.

않으며, 등반의 성공과 사고는 사적 차원의 것입니다. 전투적 신화보다 돋보이려는 속물근성이 더 낫습니다. 실스 마리아의 니체 하우스를 방문하세요. 당신을 니체 철학에서 벗어나게 해줄 겁니다.

인생의 비탈에서 흔들리지 않도록

7장

산사람의 미학:
왕자와 거지

"사람들은 산에서 뛰어내립니다.

그곳에서 할 일이 아무것도 없기 때문입니다.

이것이 사람들이 산에 가고, 거기서 죽는 이유입니다."

— 시드 마티 Sid Marty

우리는 신체를 다시 발견하는 시대를 살고 있습니다. 뭔가를 시도할 때 육체의 움직임과 지구력에 목말라합니다. 1970년대 무기력했던 인간은 이후 걷고 뛰고 자전거를 타며, 서 있는 상태의 사람으로 이어집니다. 문명인은 장시간 앉아 있는 자세 때문에 잃어버린 활력을 되찾아야 합니다. 장을 보거나 길을 걷기 위해 할머니들은 장거리 주자처럼, 할아버지들은 산행을 가는 사람처럼 차려입습니다. 트레이닝복과 운동화는 실버 세대의 새로운 유니폼이 되었습니다. 다리는 가냘프고 골격은 흔들리지만, 발은 날개 달린 듯 가볍습니다. 노인은 스키 폴과 스키 점퍼 차림에 배낭을 메고, 시간이라는 올림픽에서 끝없는 레이스를 펼치고 있습니다.

그들은 이제 실내용 슬리퍼와 안락의자에 안주하지 않으며, 외모에 대한 속물근성이 생의 모든 단계를 지배합니다. 요즘 60대는 그 조상들이 노쇠하거나 병석에 누워 있을 나이에 열에 들뜬 청년 후기(post-adolescence)를 겪는, 넘쳐흐르는 활기를 지닌 은퇴자입니다.

산길은 인생을 즐기고자 하는 이런 백발의 모험가로 가득 차 있습니다. 나도 그들 중 한 사람으로, 무릎 뼈와 폐에 허락된 유예기간을 기쁘게 즐깁니다. 신체 모든 부위가 같은 속도로 노화하지 않으며, 얼굴은 다른 부분보다 더 빨리 티가 납니다.

등반에 대한 요즘의 찬사가 환상으로 빠져들어서는 안 됩니다. 걷기라는 고귀한 행위는 한정된 구역에서의 배회나 기계적 산책 행위로 한정되어 품위를 잃어버렸습니다. 수백만 마리의 햄스터도 갇혀 있는 공간에서는 원을 그리며 맴돕니다. 나는 걷는 것을 무척 좋아해서 매일같이 걷기에 전념하며, 날씨가 어떻든 반드시 걷습니다. 그런데 이동에 관련된 병리학도 존재합니다. 그 예로 부랑자와 노숙자는 끊임없는 방랑을 선고받은 채 누더기 옷을 바퀴 달린 가방에 쑤셔 넣습니다. 근대 자연주의의 주역인 미국 작가 헨리 데이비드 소로에 따르면, 걷기는 십자군 전쟁에 상당하는 고행이 되기까지 합니다. "만일 당신이 부모, 형제자매, 부인과 아이를 버리고 다시 보지 않을 생각인 데다 빚도 다 갚고 유언장을 작성했으며, 모든 일을 정리한 후 자유인이 되었다면, 이제 당신은 걸으러 갈 준비가 된 것입니다." 미국 매사추세츠주 콩코드 출신인 이 외로운 남자도 자신의 충고를 따르지 못했습니다. 그는 늘 부모 곁으로 달려갔고, 여동생 곁에서 독신 생활을 마감했기 때문입니다.

니체는 '두 발로 사유한다'고 주장하곤 했습니다. 다소 간결한 이 문구는 내게 드골파 학자 미셸 드루아 Michel Droit가 사파리 여행 중 자신의 발에 총을 쏜 것에 대해 프랑수아 모리아크 François Mauriac가 했던 재치 있는 말을 떠올리게 합니다. "그런데 그 친구는 이제 무엇으로 글을 쓸 것인가?"

극한의 고생 속에서 사람들은 더 이상 생각하지 않고 그저 끝까지 올라가고 다시 내려가는 데 필요한 에너지를 유지하고자 합니다. 개인적으로 나는 '두 발로 생각'해본 적이 전혀 없습니다. 지나치게 꽉 끼는 신발이나 잘 맞지 않는 양말 탓에 두 발이 고통 덩어리로 변할 때 붕대를 감고 치료하는 사람일 뿐입니다. 발에 생각을 부여하는 것은 은유적 곡예일 뿐, 다른 어떤 것도 아닙니다. 가파른 비탈길에서 나는 아무 생각도 하지 않고 머리를 숙이고 나아가며, 수고를 덜기 위해 걸음 수를 500 단위로 셉니다.

　우리는 걷기에 너무도 많은 미덕을 부여합니다. 산을 오르는 것은 연골의 고통은 말할 것도 없고, 사색에 잠기기 전 땀을 흘리는 것입니다. 여기에 덧붙여 걷기는 죽지 못하는 자들이 받은 저주입니다. 방랑하는 유대인은 죽음을 잃어버렸기 때문에 죽을 수 없습니다. 유명한 북미 TV 드라마 시리즈 속 좀비(워킹 데드)는 두 번째로 영원한 죽음을 당할 때까지 신선한 고기나 인육에 굶주린 채 끝없이 원을 그리며 돌아다닐 수밖에 없는 운명입니다. 병원에서 뛰쳐나와 정신이 나간 채 어리둥절해하며 배회하는 알츠하이머 환자들도 빼놓을 수 없겠지요.

　20세기 중반 새로운 세대의 등반가가 등장했는데, 이들은 기성 문화에 반대하는 성향을 보이며 자유롭고 거리낌 없는 동시에 엄청나게 대담하고, 산에 대한 애국적, 청교도적 도덕성과 결별하길 갈망합니다. 이런 사상은 제임스 설터James Salter의 《고독한 얼굴》이라는 멋진 책에 드러나 있는데, 이 책은 산 정상의 비트족―(특히 1950년대와 1960년대에) 사회의 관습과 원칙을 받아들이지 않고, 이를 옷차림과 행동으로 드러낸 젊은 세대―이라는 별명을 가진 등반가 게리 헤밍Gary Hemming(1934~1969)에게 영감을 얻었습니다.

같은 열정으로 뭉친 캘리포니아 출신 친구 두 명이 모든 것을 버리고 알프스 산자락의 샤모니로 가서 살다 결별하기 전까지, 가장 험준한 정상을 등반하는 이야기를 그렸습니다. 이들은 규범을 따르지 않으며 안전 따위에 관심이 없고, 행정 당국에 아무것도 요구하지 않습니다. 수직으로 매달려 두 손, 두 발로 오르는 이들에게 등반은 단순한 열정이 아니라 능선, 암벽, 빙산에 대한 참을 수 없는 탐욕이자 중독입니다. 중독은 사라질 때 씁쓸한 재의 맛을 남깁니다. 그래서 주인공 랜드는 그 어느 때보다 외롭고 늘 아무것도 아닌 '허공에 매달려 있는' 듯한 끔찍한 기분을 느끼며 캘리포니아의 평범한 삶으로 돌아갑니다.

전통적으로 매우 남성적이던 산악 환경은 다행히 여성스럽게 변했습니다. 경쟁의 윤리는 경쾌함의 미학에 자리를 내주었습니다. 모든 걷기와 레이스는 매장에서 시작되며, 각각의 스포츠에는 유니폼이 있습니다. 신발 쿠션, 바지나 타이츠의 편안함, 고도와 심박 수, 폐활량을 알려주는 연동 시계, 최소한의 공간에 필수품을 넣을 수 있는 미니 배낭, 미끄럼 방지 양말, 냄새가 배지 않고 땀을 잘 흡수하는 티셔츠 등을 고르는 데 우리는 몇 시간을 보냅니다.

고지대에서 겪는 사소한 문제들은 중대한 것으로 여겨

지는 문제입니다. 예를 들면 제대로 닫지 않은 물병, 너무 무거운 배낭, 꽉 끼는 신발 같은 것으로 탐험을 망치게 될 수도 있습니다. 옷차림에 대한 선택의 폭은 넓어서, 알프스 사냥꾼으로 꾸민 보보족(경제적으로 풍요롭고 자신의 개성과 취향을 중시하는 고소득·고학력 전문가 계층 – 옮긴이)의 최신상 패션부터 여러 가닥으로 가늘게 땋은 머리 스타일에 반항심을 담은 히피까지 있습니다. 지금 로덴(방수 모직 – 옮긴이) 코트, 퀼팅 재킷, 흑담비 모피 외투, 방한용 팬츠, 고급 가죽 부츠, 밍크 모자 등을 고수하는 호화롭고 세련된 고지대 리조트에 대해 이야기하는 것이 아닙니다. 메제브, 크슈타트, 다보스, 생모리츠 거리에서 체크무늬 담요를 덮고 목줄을 한 채 거니는 허스키조차 썰매를 끄는 개의 신분이 아닌 윈도쇼핑 훈련을 받고 옷을 입은 강아지 신세가 되었습니다. 불쌍한 반려견들은 달리지 못하고 빈둥거리다 살이 찝니다.

특히 이 분야에서 가장 눈에 띄는 것은 여름철 반바지로, 매우 짧고 꽉 끼는 여성용 반바지도 포함됩니다. 이는 멋 내기에 대한 관심과 더불어 육체의 해방을 실현합니다. 외적 획일성에는 미묘한 서열이 존재합니다. 일부러 무심한 듯 걸친 셔츠, 금으로 피어싱을 한 채 드러낸 배꼽, 밑단에 술이 풀리고 적당한 위치에 구멍이 뚫린 반바지, 자신이 다른 사회계층에 속해 있음을 알려주는 고급 브랜드의 신발 같은 것들입니다.

산을 오를 때 살펴보아야 할 가장 중요한 것은 바로 종아리입니다. 털이 많건 맨송맨송하건, 두껍건, 가늘건, 굵기와 근력이 다양한 종아리는 당신에게 따라오라고 권합니다. 나도 모르는 사이에 몇 번이나 같은 등반 팀원들의 종아리를 보고 부러워한 적이 있습니다. 다리가 성냥개비처럼 가냘픈 나로서는 가이드들의 안정적인 발걸음이 부럽습니다. 그들은 마치 보이지 않는 계단을 밟고 올라가듯 나아갑니다.

반바지에는 남성적인 면도 있습니다. 길고 가는 다리에 믿을 수 없을 정도로 날렵한 바람둥이 할아버지를 다시 만났는데, 그분은 모에드-안테른Moëde-Anterne 산장 근처 거대한 빙설 위에서 길을 잃은 50대 여성을 구조해 길을 찾아주었습니다. 일종의 연대감을 느껴 당신을 도와주고 조언해주는 등산객의 친절함도 강조해야 할 필요가 있습니다.

어떤 앵글로색슨계 여성운동가는 여성들은 산길에서 여전히 구속받으며, 커다란 신발에 보기 싫은 모자를 쓰고 멋대가리 없는 지팡이를 든 수녀처럼 보인다고 설명합니다.[1] 하지만 나는 지난 20년의 세월을 생각할 때 그 반대라고 증언할 수 있습니다. 즉 더없이 매혹적인 차림의 아름다운 사람들을 산에서만큼 많이 본 적이 없습니다. 그들은 때로 옷 아래로 드러나는 수수께끼 같은 문신을 하고, 자신들 생각만큼이나 모습도 자유로우며, 게다가 암벽등반에 재능을 가지고 있기까지 합니다. 자신만만하고 등반에 능한 제 또래 할머니들이 활짝 웃으며 뒤처진 사람들을 앞지르고 암벽에 줄을 거는 모습을 보면, 세상이 바뀌었다는 걸 실감할 수 있습니다. 따라서 우리는 산을 오르는 여성을 동경하며, 이는 아주 중요한 심리적 에너지입니다. 나는 당신들의 발목에 감탄을 표합니다. 바로 이것이 지금 우리가 예의를 갖추고 할 수 있는 말입니다.

산이 경이로운 것은 여러 형태를 어우르는 바로크식 병치를 허용한다는 점입니다. 퇴역 군인, 절도 있는 발걸음에 대한 향수를 지닌 이는 당신에게 눈길도 주지 않고 지나쳐 피서객들에게 향합니다. 피서객들은 민소매에 플립플롭을 신고 2,500미터를 기어오르다 길을 잃고, 더는 길을 찾을 수 없게 되었을 때 결국 도움을 요청하는, 피할 수 없는 존재입니다.

2016년, 우리는 메르캉투르Mercantour산맥의 베고Bégo산

---

1   Nancy Huston, *Marcher avec les philosophes*, Philo Mag Éditeurs, 2018, p. 101.

(2,876미터)에서 안개 속에 길을 잃고 헤매는 니스에서 온 가족을 만났습니다. 샌들을 신은 세 아이와 가벼운 운동화, 반팔 폴로셔츠 차림의 부부였습니다. 이 가족은 아이패드로 무장한 채, 그것을 성체聖體처럼 휘두르며 주차할 곳을 찾고 있었습니다. 고작 12세 남짓으로 보이는 큰아들은 길 잃은 무리 앞에 정찰병으로 보내진 보이스카우트처럼 홀로 짜증 섞인 피로감 속에서 "우리 엄마, 아빠는 너무 멍청해. 우리 엄마, 아빠는 너무 멍청해"라고 되풀이하고 있었습니다. 우리 가이드 프랑수아 를레François Leray는 그들에게 협곡에서 전복될 수도 있으므로 절대 길을 되돌아가서는 안 된다고 하며, 간신히 그들을 마지막 능선이 유난히 두드러진 정상까지 자갈 비탈로 끌고 올라갔습니다. 아이들 어머니는 '남편의 멍청함'을 욕하며 가이드에게 매우 깊이 감사했고, 그들끼리만 있었다면 달라졌을 수도 있는, 자칫 당황스럽기까지 한 열정으로 그를 껴안았습니다.

궁금한 것이 하나 있습니다. 여름철에 산장을 관리하는 여성들은 대부분 왜 그렇게 아름다울까요? 고도의 영향일까요, 아니면 신기루일까요? 눈길이 얼굴에 조금이라도 닿는 순간, 우리 눈은 거기서 위안을 얻습니다. 지친 산악 대원들에게 활기를 불어넣기 위해 젊은 친구들을 선택하는 것은 좋은 방법입니다. 머리털과 수염이 온통 덥수룩하고 지저분한, 그 옛날의 은둔자들은 이제 없습니다. 부지런한 산장 여주인들은 산악인의 뮤즈로, 산악인을 먹이고 꿈을 꾸게 만듭니다. 산악인은 그녀들의 얼굴과 미소를, 온갖 두려움을 무릅쓰는 데 보내는 응원처럼 암벽 위까지 가지고 갑니다. 게다가 그녀들이 훌륭한 음악을 틀어주기까지 한다면, 모든 이의 마음을 얻을 것입니다. 나는 다른 삶을 산다면 아마도 5월에서 9월까지 한 철 동안 산장의 관리인이 되어 방문객을 맞이하고, 그들에게 좋은 책과 아름다운 음악으로 가득 찬 책장을 제공하며 영화를 보여줄 것 같습니다.

산장이란 돌출된 빙설 위 빙퇴석(빙하에 실려 떠내려와 하류에 쌓인 돌무더기 – 옮긴이) 기슭에 되는대로 지어놓은 오두막집 혹은 개성 넘치는 건축물로, 비록 새로운 시설이 더 안락하고 간혹 개인실을 갖추고 있다고는 하지만 '인간 마구간'에 가장 가깝습니다. 20세기 관광객은 코미디 드라마 〈선탠하는 사람들〉에서 튀어나온 것처럼 스키복과 장비를 갖추었는데, 요즘은 많은 이들이 요가 수업에서 탈출한 것 같습니다. 그들은 마치 티베트의 수도원에 있는 것 같으며, 산을 오르기 전에 명상을 합니다. 온수 샤워는 정확히 4분 동안만 할 수 있습니다. 산장에 들어갈 때는 끔찍한 고무 나

막신을 신어야 합니다. 친근한 웅성거림 속에서 하숙집을 연상시키는 든든하고 때로는 맛도 훌륭한 식사를 합니다.

산장은 대체로 군대 내무반과 침대차 이등칸 중간 정도 수준으로, 우리가 익히 알고 있듯 잠시 거쳐 가는 투박한 곳입니다. 낯선 이들이 복작거리고, 코를 골고, 고개를 돌릴 때마다 헤드램프 불빛을 당신 얼굴에 비추며, 새벽 2시부터 산행 준비를 시작하는 가운데, 어쩔 수 없이 침낭을 펴고 잠자기 위해서가 아니라 다음 날을 기다리기 위해 머무릅니다.

산장에서는 대개 빙하나 암벽을 오르지 못할까 하는 두려움이 더해져 심한 불면을 겪습니다. 제일 중요한 점은 아직 날이 어두울 때 출발하므로 짐을 잃어버리지 않도록 조심해야 한다는 것입니다. 운이 나빠 밤중에 긴급한 생리적 욕구를 해결해야 한다면, 이를 해소할 장소로 가는 길은 험난한 원정과도 같을 것입니다. 그곳이 냄새로 알아차릴 수 있는 외부에 있을 경우, 날씨가 좋다면 빙하 위 달빛의 광채나 커다란 암벽 위 그림자들의 춤을 발견하는 행복감에 젖은 채, 2,700미터 고도에서 몸을 부르르 떨게 될 것입니다. 초보자는 종종 어둠에 속아 길을 찾지 못하고 추락한다고 합니다. 어이없으면서도 끔찍한 결말입니다. 죽음도 이미 힘든데, 거기다 당신의 죽음에 실소가 나오게 되다니요! 산장에서 겪는 시련은 난관에 쏠리는 주의를 돌려, 다음 날에 대한 두려움을 잠시 잊게 합니다. 다른 등반대에 방해받지 않고 정상에 도달하고자 하는 급한 마음에, 우리는 출정 전 불안감이 감도는 군대와 같이, 몇 분 만에 짐을 정리하고 긴장된 얼굴로 새벽부터 움직입니다. 오후에 돌아오는 것으로 모든 고행을 보상받습니다. 당신은 저 멀리 평원에 부풀어오른 열기구와 바람에 따라 악보 위의 음표처럼 올라갔다 내려갔다 하는 패러글라이더를 바라보며 감탄합니다. 당신 머리 위로 활공하기 전 헬리콥터 드론은 당신을 달래주며, 글라이더는 휙휙 소리를 냅니다. 등반의 고됨과 현기증은 잠시 접어두십시오. 우리는 시험도 통과했고, 경이로운 광경을 마주해 눈이 부시며, 지난밤 끔찍하게 코를 골아 비강의 떨림으로 당신의 고막을 뚫던 사람도 거의 동지가 되었고, 무엇보다 더 이상 그 친구를 볼 일이 없을 것입니다.

고산 등반 여정에서 없어서는 안 될 인물이 있습니다. 바로 가이드입니다. 그가 믿음이 가고, 글을 읽을 수 있다면, 그리고 대화가 쉽게 통하는 사람이라면 짧은 시간 안에 친구이자 리더가 될 수 있습니다. 반은 주술사이고 반은 중재자인 그는 이타심과 이기심, 우리의 안전과 자신의 안전을 구별하지 않습니다. 우리 자신으로부터 우리를 지켜주고, 우리가 흔들릴 때 야단치고, 우리가 지나갈 때 격려해주는 어른의 보호 아래 산을 오르는 것보다 더 좋은 것은 없습니다. 우리가 공포에 질렸을 때 그는 냉정함이라는 전략, 교육적 침착성으로 대처합니다.

좋은 가이드는 완곡한 어법을 사용합니다. 어려움을 최소한으로 줄여 말하므로, 심지어 우리를 안심시키고자 하는 그의 방식이 도리어 우리를 불안하게 만들기도 합니다. 사형을 선고받은 사람의 심정으로 일부 구간에 임하는 나 같은 겁쟁이에게는 그것이 유일한 치료법이긴 합니다. 날씨가 나빠질 때는 난관이 많아지므로, 가이드는 우리가 엄격하게 자신의 말에 순종하기를 바랍니다. 말이 많던 가이드가 조용해지고 말수가 적어지면, 내려온 후에도 우리는 어떤 위험을 피해왔는지 결코 알 수 없을 것입니다.

전통적으로 좌익이 좀 더 대중적인 '등산'을 옹호할 때, '등반'은 우익의 귀족적 활동으로 간주됩니다. 등반가는 자신과 같이 높은 곳에 오르는 얼마 안 되는 그룹의 사람들에게만 동질감을 느끼는 외로운 존재입니다. 만일 그가 대열에서 앞장선다면, 그는 다른 동료들에게 책임감을 느낍니다. 용기와 희생이라는 가치를 중심으로 한 극도로 선별적인 이 분야에서, 딱 한 부류는 예외입니다. 이 부류는 무사태평의 타고난 등반 천재, 크랙 등반의 예술가, 아주 젊은 친구로 스토퍼, 펙, 피톤 같은 장비로 인위적인 길 만들기를 거부하고 마치 시인처럼 바위를 받아들이고자 하는 이들입니다.[2] 징 박힌 투박한 신발, 앞코에 쇠를 두른 부츠, 가죽 등산화는 사라지고, 발에 꼭 맞는 멋진 최신 제품이 등장합니다. 어디에서나, 특히 젊은이들 사이에서는 경쾌함의 미학이 지배합니다. 그들은 아무렇게나 걸쳐 입은 방랑자, 랭보의 작품에 나오는 부랑아 같은 면모를 풍깁니다. 경쾌하고 날렵한 몸매에 배낭 대신 작은 주머니를 차고, 암벽을 오르는 것이 아니라 고양이처럼 가볍고 자유로이 뛰어다닙니다.

암벽을 오르기 위해 아침에 출발하는 그들을 봐야 합니다. 마치 종마를 길들이러 가는 것처럼 어깨에 감아 맨 로프며 카라비너로 다진 옆구리, 조리 도구와 형형색색 등산 장비의 짤랑거림까지, 우아함의 극치인 여유를 보여줍니다. 행색은 초라한 왕자일지 모르지만, 소박함에서 최고의 것을 만들어냅니다. 보란 듯이 검소함을 실천하며 선배들의 무겁고 거추장스러운 장비를 거부하고, 반바지에 경등산화를 신고 산을 오릅니다. 당신이라면 족히 이틀은 걸릴 곳을 그들은 단 몇 시간 만에 오르며 가장 아찔한 비탈도 수월하다고

---

2   라인홀트 메스너는 클린 클라이밍(암벽에 등반 도구로 흠집이나 손상을 내지 않고, 바위 본래 모습을 유지하며 오르는 등반 방식 - 옮긴이) 전문가 중 미국의 로열 로빈스Royal Robbins나 슬로베니아의 마르코 프레젤Marko Prezelj을 예로 든다(저서 *Le Survivant, op. cit.*, p. 302).

말합니다. 암벽 위에서 미소 지으며 당신을 앞질러 가고, 절벽을 뛰어넘어 다닙니다. 그들에게는 언동을 삼가는 온전한 고행이 있으며, 우아함과 압도적인 힘을 결합하고, 절벽에서 뛰어다니는 아이벡스(야생 염소 - 옮긴이)를 꿈꿉니다. 젊고, 대부분은 잘생기고, 놀라울 정도로 자유롭고 여유가 있는 까닭에 사람들은 부러움 속에 그들을 쳐다볼 수밖에 없습니다. 더구나 젊음이라는 세계에서 추방당한 사람이라면 더욱 그렇습니다.

그들 안에는 두 가지 욕망, 즉 소속의 욕망과 이탈의 욕망이 팽팽하게 대립합니다. 그들은 나이, 옷차림, 체형으로 여전히 자신들을 구별하고 싶어 하는 독특한 세대입니다. 아주 은밀한 집단인데, 그들은 삶이 발밑에서 불멸을 앗아가고, 성년의 시작인 가정을 꾸리는 길로 떠밀리는 30세 무렵 그곳을 떠나게 됩니다. 이들 모든 그룹에서는 자신을 자신과 비슷한 사람들과 차별화하는 아주 조그만 것에 대한 열정적 탐구가 지배적입니다. 혁신자 중 이단자가 이후 정통 후계자가 된다는 아이러니한 결론과 함께, 현재의 유행에 무관심한 바로 그들이 미래의 유행을 만듭니다. 그 젊은 이들은 자태로는 귀족적이고, 독창성에 대한 열정으로는 낭만적입니다. 그들은 전형적인 경로를 벗어나 다른 길을 개

발하고, 그 길은 새로운 경로로 지도에 추가될 것입니다. 모
든 선구자는 탐구자입니다.

8장

심연의 두 얼굴

"진정한 공포라는 생생하고 울렁거리며 약간은 에로틱한
감각."

— 로버트 맥팔레인, 《산에 오르는 마음》에서

산은 여전히 적대적인 공간입니다. 원하든 원하지 않든, 우
리는 산에서 죽음으로 인도할 가능성이 있는 걸음을 내딛
습니다. 등반에는 매번 위험이 도사리고 있습니다. 미끄러
짐, 헛디딤, 공교롭게 잘못 놓인 작은 돌, 추락. 비극적 결과
를 불러오는 피할 수 없는 것들입니다. 산 애호가인 연로한
철학자가 생각납니다. 그는 우리에게 자신이 사부아 지역에
서 순조롭게 하산하던 중, 어떻게 다리 힘이 풀려 구덩이로
처박혀 뼈가 부러졌는지 이야기해주었습니다. 까다로운 코
스에서 우리는 어떤 식으로든 깊은 구렁을 살펴보며 숨을
들이마셔보고, 뒤로 물러섭니다.

두 가지 현기증이 있는데 하나는 허공에서, 스툴(팔걸이

와 등받이가 없는 의자 - 옮긴이) 위에서도 고통을 느끼는 병적인 회전성 현기증이고, 다른 하나는 좀 더 형이상학적 현기증으로 한 걸음만 더 나아가면 심연으로 빠질 수 있을 거라는 생각입니다. 이는 그 자리에서 즉시 죽음을 택할 수 있는 무한한 자유라는 현기증입니다. 내 죽음은 내 손에 있고, 오로지 나에게 달려 있으며, 나는 죽음을 도발하기도 물리치기도 합니다. 추락에 대한 이 유혹은 악몽인데, 몸이 벼랑으로 떨어져 바위에 부딪혀 튕겨 나가는 상상을 해보면 몸서리를 친 후 몸을 추스르게 됩니다. 추락은 치명적이므로 절대 일어나서는 안 됩니다. 산행에서 조금씩 나아가는 거리는 비극을 피했다는 사실을 의미하지만, 매번 어려움을 극복하다 보면 주의를 소홀히 하게 되어 이후 사고가 날 가능성을 만듭니다. 가스통 바슐라르는 어디에선가 토머스 드 퀸시Thomas de Quincey의 심연에 대한 병, 끝없이 추락하며 그와 같이 공포스러운 구덩이를 만들어내는 강박관념에 대해 언급합니다. 환영 속에서 되풀이되는 이 추락에서 결코 다시 올라오지 못합니다.

《산속의 거대한 두려움Grande Peur dans la montagne》은 샤를 페르디낭 라뮈Charles Ferdinand Ramuz가 쓴 아름다운 제목의 소설로, 이 작품에서는 산이 유일한 서술의 주체이고 인물들은 큰 비중 없이 그저 이름으로만 나옵니다. 모든 것을 보고, 부르고, 결정하는 주체는 산이며, 인간은 산의 의지에서 그저 힘없는 목격자일 뿐입니다. 산은 웅장하고 아름다운 동시에 사악합니다. 겨울철, 고지의 어떤 골짜기에서는 10월부터 4월까지 해가 사라져 풍경을 암울하게 만듭니다. 그렇게 되면 빛이 다시 돌아오지 않고 눈이 도로를 막아 사람들을 고립시킬 것 같은 두려움이 엄습합니다.

정반대로 가끔씩 나는 밤에 자려고 누웠을 때 거대한 산들이 어둠을 틈타 사라져버리는 상상을 합니다. 마치 탁자를 정리하듯, 아침에 보니 거대한 산봉우리들이 어디론가 치워져 있다면 어떨까요? 산은 우리를 향해 웃는 것처럼 보일 때도 우리를 배신할 수 있으며, 해가 빛날 때만큼 기만적인 때도 결코 없습니다.

산은 우리를 맞이하지만 너그러이 봐주지 않습니다. 위험은 피할 수 없으며, 두려워하는 만큼 찾아옵니다. 위험은 등반가의 심리적 전리품입니다. 우리는 이미 오래전부터 용기란 위험에 대한 무지가 아니라 두려움을 극복한 것이며, 유일하게 가치 있는 요소라는 걸 알고 있습니다. 그럼에도 우리가 계획된 여정 위에서 아드레날린과 참을 수 없는 떨림을 억누를 필요가 있을까요?

등반에는 상반되는 여러 요소가 존재하는데, 바로 신중함과 대담함, 장애물을 극복하려는 의지에 더해 불확실한 환경에서도 앞으로 나아가는 기술입니다. 불평하지 않고 역경에 맞서는 능력, 영국인이 '근성(guts)'이라고 불렀던 미덕 또한 필요합니다.[1] 우리는 산을 오르면서 끊임없이 어떤 두려움을 다른 두려움으로 맞바꾸는데, 이는 공포에 대한 비이성적 반응에 맞서 앞으로 나아가고자 하는 신중한 의지입니다.

가파른 비탈을 마주하며 느끼는 공포가 하나라면, 다른 하나는 그 위험에 대한 냉정한 평가입니다. 선견지명은 자신에 대한 믿음과 조화를 이루어야 합니다. 떨어지는 돌 하나, 잘못 묶은 매듭, 버클이 헐거운 하네스 등 별것 아닌 것 하나도 추락으로 몸이 으스러지도록 하기에는 충분할 것이기 때문입니다. 이는 원치 않는 가능성에서 생겨난 순전한 공포이므로, 더 이상 내가 상황을 어찌할 수 없는 것도, 그리고 종말로 내닫는 것도 내게 달려 있습니다. 내 목숨을 내가 쥐고 있는 것이며, 내가 흔들린다면 나 스스로를 죽이게 됩니다. '자살' 일보 직전의 이런 미묘한 상황은 대개 우리를 소스라치게 놀라게 하고, 계속 올라가는 데 필요한 추진

---

1   Robert Macfarlane, *Mountains of the mind*, 프랑스어 번역판, Plon, 2004, p. 102.

력을 팔다리에 제공합니다. 마찬가지로 매번 미끄러지거나 암벽에서 몸이 떨어질 때도, 마음이 흔들릴 때 떠오르는 최악의 상황이 닥칠 것 같은 공포에 사로잡히게 됩니다.

한번은 하마터면 바위들 위로 떨어질 뻔했는데, 상상 속에서 나는 산산조각이 난 채 마지막 숨을 헐떡거리고 있었습니다. 만일 스키를 타다 땅이 꺼져버리거나 눈사태가 휩쓸어 간다면 어떻게 될까? 혹여 가이드가 우리를 남겨놓은 채 로프에서 정신을 잃고 크레바스에 떨어진다면? 그가 아무리 무전 치는 법을 설명해줬다 해도, 우리는 도움을 요청하지 못할 거라는 막연한 느낌이 듭니다.

알다시피 세상에는 '사이클론(벵골만과 아라비아해에서 발생하는 열대성저기압으로 태풍과 같은 성질을 띰 – 옮긴이)을 맛보는 사람들'이 있습니다. 이 무모한 사람들은 종종 경비행기 조종석에 앉아 열대성저기압의 중심, 즉 주위는 온통 격렬함으로 에워싸이지만 모든 것이 고요한 중심에 자리 잡는 것에서 희열을 느낍니다. 암벽등반을 해본 사람이라면 누구나 두려움 때문에 등반에서 얻는 정서적 성과가 얼마나 커지는지 압니다. 낭떠러지, 위태로운 능선, 당신을 볼링 핀처럼 쓰러뜨릴 수 있는 바리톤급 소리를 내는 바람에 맞서는 것은 우리를 넘어뜨리려는 것들을 극복하는 일입니다. 매 순간이 죽음이 두드리는 문이며, 발을 헛디딜 때마다 추락할 가능성이 있습니다. 추락을 두려워하지 않는다면야 상관없겠지만, "죽을 뻔했을 때보다 우리가 살아 있음을 느낀 적은 없습니다(로버트 맥팔레인)". 우리가 모면했던 사고에 대해 이야기하는 것은 기적, 즉 우리가 살아남았음을 이야기하는 것입니다. 위기를 극복했던 이야기들로 스스로 불운을 쫓아버리는 것입니다.

고지는 저절로 우리에게 깊은 인상을 남기지만, 험준한 암벽은 사람이 다가가고 등정을 시작함에 따라 인간적으로 변합니다. 바위는 친구로 만들어야 하는 적수이자 점자가 새겨진 지면처럼 판독해야 하는 퇴적물로, 눈만큼이나 손끝으로도 읽을 것을 요구합니다. 노련한 등반가들이 암벽에서 멀어질 때, 초심자는 돌출 부위에서마다 입을 닫고 암벽에 달라붙어 있습니다. 그는 기본 원칙, 즉 잡은 두 지점 사이의 균형점을 찾고, 올라가기 위해 침착하게 틈새 혹은 돌출부를 찾아야 한다는 것을 잊고 있습니다. 70세의 초보자는 어떨까요? 단념하거나 아니면 한결같은 초심자로서 남들은 휠체어에 앉아 있는 나이에 기초를 익히고 향상되겠지요?

공포심은 앞으로 나아가는 데 필요한 심적 에너지를 잃어버린 등반가를 얼어붙게 만들 수 있습니다. 어떤 경로에서 막혀 바위에 붙은 채 올라가지도 내려가지도 못하는 아마추어가 느끼는 극한의 공포가 바로 그것입니다. 옆 동료나 가이드는 겁에 질린 그 사람이 잘못 디딘 곳에서 빠져나오게 하려고 지나치게 많은 조언을 하지 않을 것입니다. 그는 이미 죽지 않으려고 매 순간 사투를 벌이고 있기 때문입니다. 최악의 상황을 피하기 위해 이를 예견하는 것, 여기서우리는 스토아학파의 금욕적 실천 논리인 'praemeditatio(라틴어로 대비, 준비라는 뜻 - 옮긴이)'를 발견합니다. 즉 미래에발생할 수 있는 화를 피하기 위해 이를 예견하는 것입니다.

스토아학파 철학자 세네카Seneca는 음식과 물을 제한하고 추위와 자발적 고통에 순응함으로써 이런 시련이 닥쳤을 때 충격을 완화해야 하며, 아주 조금씩 불행을 경험하는기회를 우리에게 제공해야 한다고 합니다. 등반가는 폭풍우가 몰아치고 피켈에서 탁탁 튀는 소리가 나기 시작할 때, 또푸르스름한 빛이 바위에 부딪치며 누런빛을 띨 때처럼 예상치 못한 상황에 대처할 수 있어야 합니다.

리오넬 도데Lionel Daudet는 국경을 따라 프랑스 일주를 하던 당시, 프랑스와 이탈리아의 국경에 있는 루아 마제Rois Mages 능선에서 벼락이 치려고 할 때 나는 벌이 왱왱거리는특유의 소리를 들은 직후 감전되었습니다. 번개가 등허리에서 발가락까지 관통했습니다. "온몸이 마비되고 유리 조각 상으로 변한 뒤, 산산조각 나는 느낌이었습니다."[2] 그는 생명은 건졌지만 척추 아래쪽에 2유로 동전 크기만 한 동그란 흉터를 얻었습니다. 그는 배낭에 걸려 있던 피켈 덕분에 살았다고 생각합니다. 그게 없었더라면 번개가 머리를 관통해 목숨을 잃었을 수도 있을 것입니다. 벼락의 거대한 섬광은 머리 위에서 폭탄이 폭발하는 것과 같습니다.

올리버 색스Oliver Sacks는 저서《뮤지코필리아》에서, 벼락 맞은 남자에 대한 멋진 사연을 들려줍니다. 1994년, 42세의 정형외과 의사 토니 시코리아는 폭풍우가 몰아치는 가운데 뉴욕 알바니에 있는 공중전화 부스에서 전화를 하다 번개를 맞습니다. 그는 심정지에도 살아났는데, 얼마 안 가 피아노를 연주하고 악보를 사고 싶은 강렬한 욕망에 사로잡힙니다. 그는 작곡을 하고, 머릿속에서 음을 듣고, 훌륭한 음악가가 됩니다. 말 그대로 음악과 전기가 통했던 것입니다. 솔직히 나는 창작에 도움이 된, 이 영양가 많은 사고를 당한 그가 부럽다는 생각이 듭니다. 하늘에서 쏜 대포는 그를 천재는 아니더라도 적어도 예술가로 바꿔놓았습니다.

2   Lionel Daudet, *Le Tour de la France, exactement*, Stock, 2014.

산꼭대기의 수도자로 통하는 에리 데 루카Erri De Luca는 자신의 단편소설《나비의 무게》에서 들판에 폭풍우가 다가올 때, 온몸이 따끔거리는 섀미(야생 산양 - 옮긴이)가 자신의 털이 곤두서고 벼룩들이 전속력으로 자신의 몸에서 튀어나가는 것을 어떻게 느끼는지에 대해 이야기합니다. 정전기의 압력이 섀미 몸에서 기생충을 떼어준다니 너무도 멋진 은유입니다.

우리는 두려움을 생각할 수 있지만, 정작 두려움은 우리로 하여금 생각을 멈추게 합니다. 두려움은 공포의 대상에 주체를 응집시켜버립니다. 몸과 마음을 마비시키고, 그 전까지 우리가 두려움 때문에 대비했을 거라 여겨지는 불행을 촉발합니다. 이와 반대로 적절한 두려움은 치명적 실수를 예견하고 이를 피할 수 있게 해주며, 심적 에너지를 북돋아줍니다. 또 극한상황에서 우리로 하여금 엄청난 폭풍 속에 야영을 감행하게 만들고, 맹위를 떨치던 자연이 잠시 쉬는 틈을 타 황급히 하산하게 합니다. 유익한 두려움은 우리를 움직이게 하고, 유해한 두려움은 우리를 마비시킵니다.

산은 우리에게 순응하지 않기에 아름답습니다. 등반가는 '나의 한계는 어디인가?'라고 자문하며, 자신의 한계를 뛰어넘고 이를 확인하기를 좋아합니다. 이런 면에서 우리는 50대와 60대, 그 이상의 연장자들이 달리고, 산을 다니고, 암벽을 기어오르는 것을 이해할 수 있습니다. 이들은 비탈을 포기하지 않겠다는 의지로 움직이며, 끈기라는 비장함 속에서 가장 어린 친구들을 자극합니다.[3] 산을 오르면서 노쇠한 울분은 누그러지고, 자연 그리고 사람들과 화해하며 순수함을 발견하게 됩니다. 그 나이, 특히 50세 이후의 많은 이들이 노쇠를 경험하는 그곳에서, 나는 오히려 기회와 가능성이라는 마지막 꽃다발을 봅니다.

1963년, 젊은 시절의 장-마리 귀스타브 르 클레지오 Jean-Marie Gustave Le Clézio(프랑스 소설가 - 옮긴이)는 "모든 생을 뒤로 하라. 그곳에서 우리는 진정한 자유를 얻는다"라고 말했습니다. 하지만 나는 그 반대라고 장담합니다. 끝까지 생을 자기 앞에 놓고, 포기하는 자유가 아니라 새로운 일을 수용하는 패기, 세상에 당당히 맞서는 즐거움으로서 자유를 즐기는 겁니다. 자신의 존재를 넓히려는 욕구는 그 존재가 희

---

3   Bernard Amy, *Ceux qui vont en montagne*, PUG, 2020, p. 61~62. 숫자 놀음에 빠진 노인들의 향수: 그들은 끊임없이 쇼핑 목록을 늘립니다. 겨울이 끝날 무렵, 그들은 누적 고도 합계를 1만 미터 늘리기 위해 40여 번 스키를 타러 다녀왔다고 당신에게 설명합니다. 봄에는 '당신이 자신들처럼 여섯 번째 상급 코스, 좋은 날씨에는 일곱 번째 코스를 통과하기 위해 계속하지 않는 것'에 대해 깔보듯 놀립니다.

미해질수록 커집니다.

두 부류의 사람이 있는데, 한 부류는 삶을 영위하는 행위로 지친 사람이고, 다른 부류는 비록 한 시간 후에 죽는다 할지라도 넘치는 에너지로 숨 가쁜 사람입니다. 내향적인 사람과 외향적인 사람이라고 할 수도 있겠습니다. 그리고 늙어감에도 두 가지 경우가 있습니다. 활동적으로 늙어가는 경우가 있는 반면, 에너지를 잃어가며 늙어갈 수도 있습니다. 전자는 미래를 지향하고 후자는 과거, 향수를 향합니다. 전자는 계획을 세우고, 후자는 후회 속에서 스스로를 소진합니다.

우리는 더 높은 목표를 위해 스스로에게 강제력을 행사하기를 좋아합니다. 더 높은 목표를 이루기 위해서는 최악의 위험을 무릅쓰고 비인간적 고난을 견뎌낼 준비가 되어 있습니다. 각자는 동상에 걸릴 때까지, 최악의 경우 절단하기까지, 자신이 견딜 준비가 되어 있는 고통에 대한 개인적 척도를 정해놓기도 합니다. "예외적인 경우를 제외하면 등반가는 명성을 기대하기도 어렵고, 응원을 보내주는 관중조차 없습니다. 고독과 산의 적막함 속에서 등반대 동료 외에는 다른 증인도 없이, 스스로에게 부과한 장애물을 극복하는 유일한 기쁨을 위해, 또 스스로 강하고 용감하다고 느끼게 하는 유일한 자부심을 위해 싸웁니다"(라인홀트 메스너).[4]

시련은 자기 자신에 대한 영향력과 증명, 즉 우리 자신의 유한성에 대한 도전인 증명으로 바뀔 때 바람직한 것입니다. 현대 도시인은 이해할 수 없는 내기를 합니다. 영웅심, 의지력과 하나가 되길 원하며, 스스로에게 의도적으로 위험을 가중시킵니다. 피할 수 없는 괴로움, 질병, 애도, 실의에 자극적 고통으로 맞섭니다. 그러다 언젠가 멈추지 않는 고집불통 노새와 같은 힘을 자신 안에서 끌어올리는 날이 옵니다. 비록 말랐어도 몸은 늘 무겁습니다. 그 무게가 우리를 힘겹게 해서 새처럼 되기를 꿈꾸기에는 너무도 버겁습니다. 우리는 낙심한 채 멈추어 섭니다. 그러고는 다시 출발합니다. 포기하면 자존심이 상할 수도 있으니까요. 모두가 '산꼭대기의 댄서(리오넬 테레이가 루이 라슈날을 칭한 말)'일 수는 없습니다.

등정은 물리적이며 정신적입니다. 즉 그 여정이 아무리 별 볼일 없다 하더라도 우리는 핵심에 닿았던 것 같은, 해냈다는 성취감을 맛봅니다.

---

4 Lionel Terray, *op. cit.*, p. 185.

어느 정도 나이가 들면 산이 우리에게 허용하는 것은 단 한 가지입니다. 바로 꺾이지 않는 끈기입니다. 이는 널따란 암석 위에서 허세를 부리거나 가파른 경사에서 묘기를 부리는 약간은 정신 나간 도박입니다. 여기에는 이상한 분업이 존재합니다. 한편에서는 과보호가 익숙한 우리 사회에서 피해자 입장과 관련된 얘기들이 도화선처럼 퍼져 나가며 서로 가장 큰 소리를 내려고 합니다. 다른 한편에서는 점점 더 많은 수의 남녀가 썰매를 타고 극지방을 횡단하고, 작은 배로 대양을 건너며, 공중의 로프에서 시계추처럼 왔다 갔다 하느라 녹초가 됩니다. 고민은 우리 몫입니다. 많은 사람들이 이에 대한 선택을 하고, 불운에 용감히 맞서고자 이를 신봉하기까지 합니다.

자, 이제 우리는 자유롭게 길 위에서, 산등성이에서, 우리를 죄고 있는 줄을 늦추고 직면하고자 하는 위험을 선택할 수 있습니다. 이는 등산객과 산악인이 산과 오래, 빈번히 만난 끝에, 산이 그들에게 받은 사랑과 신뢰를 돌려줄 때 산과 나누는 복합적 대화입니다. 어떤 의미에서 그들은 산에게 인정받은 것입니다.

산 정상, 산등성이는 삶의 새로운 방식을 이끌어내는 신성한 공간의 일부입니다. 그러니 좀 떨 만한 가치가 있겠지요. 바다와 같이 산도 자신을 소중히 여기는 이들에게 매일매일 변모하는 감각을 선사합니다. 알프스의 거대한 능선들은 자신을 원하는 이들을 구원으로 인도합니다. 그 능선들은 구원으로 향하는 나의 길입니다.

인생의 비탈에서 흔들리지 않도록

9장

여우와 늑대

"늘대는 길들여도 늘 숲을 꿈꿀 것이다."

— 러시아 속담

야성이란 무엇일까요? 목가牧歌가 농부의 이상적 세계를 재현해놓은 것처럼, 야성이란 문명이 시초에 맞서 싸웠던 것을 종국에 다시 찾고자 하는, 문명의 발명품입니다. 우리는 계절의 리듬이 있는 이 세계를 그리워하며, 시골에 대한 우리의 도시적인 열정은 향수라는 관점에서 행해집니다. 자연은 본래 소유되는 것이 아니며, 항상 그래왔습니다. 하지만 전원, 우리가 포근함을 노래하는 소박한 삶은 그 자체가 사람의 손으로 만들어졌습니다.

우리는 존재하지 않는 순수함을 과거에 투사합니다. 세상에 최초의 아침은 결코 없었으며, 인위적 손길은 최초 경작자와 목축자가 생존을 위해 자신의 환경을 정기적으로 깎고 벨 수밖에 없었던 원시시대부터 시작되었습니다. 남동부 지역에 늘대와 스라소니를, 피레네산맥에 곰과 맹금류를 방사함으로써 들판은 다시금 위험한 존재가 거주하는 곳이 되었습니다. 생명체와의 새로운 관계라는 명분 아래 극복할 수 없는 딜레마라는 대가를 치르며 조상들이 근절하고자 했던 폭력성을 조성하고 있습니다.

약 30년 전부터 유럽에서는 편리함과 안전함에 무료해진 문명인이 야생동물에 둘러싸이길 희망해왔습니다. 이 우아한 인간들은 당국이 더 많은 무시무시한 종을 조심스레 다시 들여오도록 하고, 인간만이 유일하게 위험한 포식자라고 외치며 그들을 존중받아야 할 야생으로 내세웁니다. 그러면서 다정한 늑대, 상냥한 곰 같은, 우리 조상들을 울부짖게 만들 콘셉트를 만들어냅니다. 동물행동학에 대한 검토는 월트 디즈니가 합니다.

역사학자 자크 파스투로Jacques Pastoureau는 동물학자와 늑대 옹호자, 늑대의 무해함을 지지하며 사람들이 늑대 짓으로 돌리는 모든 범죄에서 늑대의 누명을 벗기고자 하는 이들을 혹독하게 비웃습니다.[1] 이는 부정직한 언행에 무지가 더해진 것인데, 모든 과거의 증거들이 늑대가 인간을 공격했고 전쟁터에서 군인의 시체를 먹었다는 사실을 보여

---

[1]   Michel Pastoureau, *Le Loup, une histoire culturelle*, Seuil, 2019, p. 13.

주기 때문입니다. 끔찍한 해인 1421년, 그리고 1423년과 1438년에 늑대들이 여러 차례 파리에 출몰했고, 1685년에서 1710년까지 지독하게 혹독했던 겨울에는 파리를 둘러싸기도 했습니다.[2]

늑대가 특히 그 숭배자들을 광적으로 만들고, 광신도 같은 조직의 대상이 된다는 것은 사실입니다. 이런 감상적인 늑대 마니아는 실제로 자신도 모르는 의인주의, 즉 인간을 더욱 잘 동물화하기 위해 동물을 인간화하는 것에서 비롯됩니다.

동일한 맥락에서 2년 전 파리에서 청원서가 돌았는데, 쥐를 구하고 유해 동물이 아닌 친구로 간주하자는 내용이었습니다. 스트라스부르에서도 2021년 2월, 환경보호주의자인 한 의원이 빈대와 생쥐를 적이 아니라 있는 그대로 받아들여야 할 '공생동물'로 봐야 한다고 제안하기까지 합니다. 늑대가 우리 들판에 다시 정착하도록 놔둬야 할 뿐 아니라, 모두가 저마다 다시 야생성을 띠어 유인원 혹은 위대한 포식자가 되어야 하며, 자신 안에 잠자고 있는 야수를 깨워야 한다는, 야생으로의 복귀에 관한 이 신화는 잭 런던Jack London의 위대한 소설《야성의 부름》(1903) 또는《하얀 송곳

2   *Ibid*, p. 105.

니Croc-Blanc》(1906)에서 유래합니다.

소설《야성의 부름》에서 종족 본성에 사로잡힌 썰매 개 벅은 야만스러워지며 자신의 태생으로 돌아가고, 악마의 화신으로 변한 자신을 발견합니다. 그 안의 늑대는 자신의 지위를 주장하는 몰락한 왕이고, 그의 목은 무리의 울부짖음으로 떨립니다. 그는 길든 자신의 습성을 지워버리고, 야생 개들이 무리 지어 원시림을 가로질러 달리며 먹잇감을 쫓던 '그 종족의 젊은 시절'을 어렴풋이 기억해냅니다. '차갑고 고요한 밤에' 그는 포효하고, 죽어서 땅속에 묻혀 있는 조상들도 그를 통해 울부짖습니다. '각 근육의 완벽한 희열' 인 생명력의 용솟음에 사로잡힌 채, 그는 왕으로서 모든 신체적 위력을 갖추고 있습니다. '굶주림이라는 냉혹한 우수'[3] 에 바쳐진 하얀 송곳니. 그는 무자비하게 먹잇감을 추격합니다.

적어도 잭 런던에게는 육식동물에 대한 환상은 없습니다. 육식동물을 통해 그가 기리는 것은 야성 그대로의 힘과 규율에 따르는 폭력입니다. 자신과 많은 동시대 사람들처럼 그가 비난하는 것은 본능을 짓누르고 자유를 통제하는 데 기반을 둔 현대 문명이 불러온 생명에 대한 무관심입니다.

---

3   *Croc-Blanc*, Libretto, p. 32.

이 교양소설은 학습에서의 탈피, 생명을 구하는 회귀를 호소합니다.

섀미, 무플론(야생 양 – 옮긴이), 아이벡스는 19세기에 프랑스에서 거의 사라졌고, 20세기 중반에는 오로지 스위스, 오스트리아, 독일 바이에른 아니면 돌로미티Dolomites산맥에서나 볼 수 있었습니다. 그러니 그 동물들이 다수로, 다시금 우리의 산악 지대에 있음을 알게 된 건 정말 반가운 소식입니다. 나는 도시인으로서 늑대가 (그리고 피레네산맥에는 곰이) 돌아오는 데 찬성합니다. 그것 때문에 피해 볼 일도 없고, 오솔길에 그들의 아주 작은 흔적이라도 있으면 열정적으로 쫓아가보기 때문입니다. 현재로서 늑대는 남기고 간 조각난 사체를 제외하고는 거의 볼 수 없는 비밀스러운 동물일 뿐입니다.

내가 처음으로 그런 흔적을 본 것은 20년 전 오트–잘프 지역의 도르미유즈에 있는, 과거 가톨릭의 박해를 피해 도주했던 신교도들의 은신처에서였습니다. 양의 사체였는데, 배가 갈라져 내장이 밖으로 드러나 파리들이 먹어 치우고 있었습니다. 늑대 한 무리가 자신들의 공적을 남기고자 양을 죽이고 먹지 않은 채 두고 간 것이었습니다.

살면서 늑대를 마주친 적은 몇 번뿐입니다. 미국 옐로

스톤Yellowstone 국립공원에서 아침 6시에 열 마리 정도의 회색 늑대 무리가 상처 입은 들소의 숨통을 끊기 위해 그 주위를 뛰어다니고 있었습니다. 루마니아 트란실바니아 지역의 마을인 크리스티안 근처의 준보존 지역에서 본 늑대 한 쌍은 상당히 공격적이었습니다. 하지만 무엇보다 1월의 어느 날 밤 11시쯤, 아라비Aravis산맥의 길에서 우아한 발걸음으로 쉬지 않고 산을 오르는 세 개의 긴 그림자를 발견했는데, 나는 당시 감탄이 절로 나오게 하던 그 감동을 잊지 못합니다.

1990년대 이탈리아 아브루초 지역부터 늑대가 돌아오면서 이들은 프랑스 알프스 지역으로도 왔습니다. 이는 중세의 스릴이 21세기로 복귀한 것이고, 서로 다른 시대가 충돌하는 것이며, 겨울 스포츠 무대 위에서 육식 포식자를 마주치는 것을 의미합니다. 2020년 3월 쿠르슈벨 스키 리조트의 슬로프에서, 또 같은 해 12월 메제브 위쪽 몽주에서, 망원경을 통해 이 야수들이 목격됐다는 사실은 우리가 조용히 포위되고 있음을 보여줍니다. 최상급 혹은 상급자용 슬로프와 바람에 흔들리는 리프트의 친숙한 풍경 뒤로, 서리꾼은 마치 장막 뒤 그림자처럼 존재만큼이나 눈에 띄지 않게 어슬렁거리지만 언제든 무대 위로 불쑥 나타날 수 있습니다. 늑대는 가는 곳마다 우리를 놀라게 하고 공포에 빠뜨

인생의 비탈에서 흔들리지 않도록

리며, 턱의 힘은 깜짝 놀랄 정도이고, 하루에 100킬로미터를 달릴 수 있으며, 사냥꾼을 따돌릴 만큼 지능이 높습니다. 그래서 목자들은 늑대가 양 떼를 공격할 때 이를 물리칠 수 있기를 바라며 불안해합니다. 늑대는 중세 지옥세계의 어두운 밀사에서 이제는 복구해야 할 생물 다양성의 화신이 되었습니다.

인간은 아이벡스, 무플론, 독수리, 수리, 수염독수리, 곰, 스라소니들을 다시 들여오며, 인간만의 의지로 행복하기를 바라는 공생과 원죄 이후의 지상낙원을 다시 창조합니다. 이런 움직임은 자연이 균형이라는 타고난 감각을 가지고 있을 것이라는, 대자연의 자율적 지혜를 전제로 합니다.

그 논거는 틀리지 않습니다. 예를 들어 여우를 다시 들여옴으로써 농작물을 먹어 치우는 들쥐를 없앨 수 있습니다. 하지만 노루, 사슴, 특히 멧돼지 같은 다른 종의 개체 수는 사냥과 유해 동물 퇴치 없이는 조절되지 않고 급증합니다. 그래서 생명에 대한 우리의 정당한 관심은 상반되는 생각과 이해관계가 산적한 덩어리인 것 같습니다. 말하자면 동물 보호라는 짧은 생각에 희생된 목축업자들의 온갖 근심은 감안하지 않은 채, 우리는 늑대를 다시 들여오고 있습니다.

오늘날 늑대는 어떤 동물일까요? 늑대가 갯과라는 데 찬성하는 사람들과 그렇지 않은 사람들 사이에 논쟁이 벌어집니다. 암컷 양, 어린 새끼, 염소가 다수 희생될 때마다 논쟁은 다시 벌어지고, 목축업자는 정부가 필요한 조치를 취하지 않는다면 무기를 들겠다고 위협합니다. 예를 들면 1995년 니스에서 분노한 목축업자와 주 의원의 시위를 뒤따르던 무리가 습격하는 일이 여러 번 일어난 후, 알프마리팀주의 베주비Vésubie강을 따라 다리가 폭파되었습니다. 이 테러는 '빌어먹을 사냥꾼들[4]'을 맹비난하는 '늑대의 형제들'이 자신들의 소행임을 주장했습니다. 메르칸투르 국립공원에서 사냥용 총탄으로 가득한 늑대 사체가 발견되고, 당시 환경부 장관 코린 르파주Corinne Lepage는 이를 '살해 행위'로 고발했습니다.

이러한 혼란에 녹색당원, 사냥꾼을 진짜 테러리스트처럼 취급하며 공공장소에서 몰아내고 싶어 하는 이들의 맹렬한 적대감이 더해집니다(2021년 1월 21일, 환경보호주의자 의원들이 사냥개들에게 쫓겨 샹티이 역 안까지 들어온 어린 사슴에게 추모의 꽃을 가지고 갔던 것이 기억납니다. 테러 희생자 추도식을 패러디한 추모는 충격을 주었습니다).

---

4   Antoine de Baecque에 의해 인용, *op. cit.*, p. 313~314.

프랑스 전역에서 30년 전부터 늑대, 때로는 송아지에게 많은 수의 양이 희생되면서 긴장이 악화되자, 정부는 매년 '늑대 사냥 중위(프랑스에서 야생동물 문제와 관련해, 자신이 거주하는 지방자치단체의 공공 서비스에 대해 자발적으로 정부 보조 역할을 하는 개인 – 옮긴이)'에게 본보기로 일정한 수를 잡아들이는 것을 허가하고 있습니다.

다른 도시인과 마찬가지로 나도 늑대에 대해 낭만적 매력을 느낍니다. 개는 그냥 막 짖어대지만 늑대는 사방 몇 킬로미터 밖까지 들리도록 코를 하늘로 쳐들고 발성을 하며 울부짖습니다. 음악 이론가 앙드레 마누키안André Manoukian은 늑대가 '합창곡'을 만들어내기도 하는 것 같았다고 합니다. 이글이글 타오르는 눈빛에 날카롭게 찢어진 눈, 주맹증이라 일컫는 야행성 시력은 당연히 매혹적입니다. 그 눈은 본능, 다른 존재의 목숨을 끊어버리는 본능을 이야기합니다. 이는 당신을 바라보지 않고, 세상을 관조하는 자신을 들여다보는 서늘한 아름다움입니다.

메르칸투르 국립공원 내 방목지의 목자들과 이야기를 나눠보면 관점이 달라집니다. 오브라크 마을 사람들이 썩은 고기를 찾아 헤매는 짐승들을 쫓아버리고 싶어 하는 것처럼, 목자들도 양을 죽인 범인의 능숙함을 알고 나면 많은 이들이 울타리 주위를 어슬렁거리는 늑대를 죽일 수 있는 권리를 요구합니다. 2020년 오트-잘프 지역에서만 1,200마리 이상의 양이 잡아먹혔으니 말입니다! 목자들은 그 포식자가 언젠가 아이도 물어 갈지 모른다고 두려워합니다. 매번 공격당할 때마다 이를 개인적 상해로 겪어내고 있는 염소 목축업자의 당연한 분노는 유럽연합과 국가에서 주는 후한 보조금으로도 전혀 진정되지 않습니다. 목축업자의 생계는 알프스 지역의 늑대와 피레네산맥의 곰, 이따금 겁에 질린 수십 마리 양을 벼랑으로 몰아 떨어뜨리는 이 존재들과는 여전히 양립하기 어렵습니다.

정확히 보자면, 등반가는 늑대보다 파투, 보스롱(프랑스산 품종의 양치기 개 - 옮긴이), 말리누아(벨기에 셰퍼드의 한 종류 - 옮긴이) 같은 양치기 개에게 물릴 확률이 더 높습니다. 하지만 늑대의 경우 매번 치명적인 사고에 가깝습니다. 처음으로 늑대에게 다친 어른이나 아이에게도, 조상에게서 전해진 공포가 솟구쳐 오를 것입니다(2020년 12월, 늑대 한 무리가 프랑스 동부 이제르주에서 250킬로그램의 수송아지를 몇 조각 내는 데 성공했습니다). 야생종을 다시 도입하려는 정책은 정부가 적대적 당사자 양쪽 모두에게 공격받는 위험 속에서, 양측을 중재하려는 모순입니다.

해마다 봄이 되면 수천 마리씩 무리 지어 울어대며 고지대의 여름 목장으로 향하는 가축은, 흐름을 거슬러 오르는 강과 닮았습니다. 말을 듣지 않으면 물어버리는 매우 활동적인 양치기 개가 이끄는 대로, 양과 염소는 무질서하게 무리를 지어 나아갑니다. 수가 많아 속도를 내지 못하는 이 산만한 무리에 비하면, 늑대는 완벽한 기강에 기동성을 갖춘 특공대로 조직된 게릴라 부대 같습니다. 염소 무리는 오로지 두려움과 서로를 따라 하는 행동으로 뭉쳐 있습니다. 포식자가 나타나 으르렁대는 순간, 미래의 먹잇감은 공포에 먹혀버립니다. 이들은 원을 그리며 돌거나 단숨에 적을 향해 돌진하는데, 이는 "두려움은 어리석게도 피하고자 하는 바로 그것을 야기한다"라는 칸트의 말을 완벽하게 보여줍니다.

얼마 전, 오트-잘프 지역에서 갑작스레 발생한 일에 대해 놀라운 이야기를 들었습니다. 관리인들이 보안을 강화하기 위해 염소와 양을 철책 속에 넣어놓았는데, 한밤중에 늑대들이 나타났습니다. 늑대들이 울부짖자 염소와 양 무리가 깨어났습니다. 이들은 허둥대며 원을 그리며 돌기 시작했고, 곧 자신들이 갇혀 있다는 사실을 깨닫고는 철책을 향해 머리를 숙인 채 덤벼들었습니다. 늑대는 겁에 질린 양들이 철책 한 지점에 집중하도록 몰아가며 울부짖음을 더했습니다. 양들은 수가 많은 덕분에 마침내 자신을 보호하던 울타리를 넘어뜨리는 데 성공하고 대거 탈출했습니다. 이제 늑대는 잡아먹기만 하면 됩니다. 즉 양들은 스스로를 제거하는 데 협조했던 것입니다. 도살은 전적으로 이루어져, 거의 모든 양이 목이 잘리거나 정신없이 낭떠러지 위에서 뛰어내렸습니다. 포식자의 또 다른 술수가 있었으니, 이는 바로 그들 중 하나, 예를 들면 발정 난 암컷 늑대가 양치기 개들을 유인해 몇 킬로미터 달리게 만드는 동안, 같은 무리의 늑대들은 포동포동 살찐 양들을 몰살시키고 진수성찬을 즐기는 것입니다.

늑대는 이중적입니다. 현실 속에 있고, 상상 속에도 존재합니다. 늑대 지지자들은 늑대의 못된 행실로 피해를 볼 일이 거의 없는 만큼 이들을 더욱 옹호합니다. 그들은 늑대를 마치 그리스신화 속 키메라(다양한 동물의 부위를 가진 전설의 괴물-옮긴이)처럼 소중히 여기고, 목자들은 늑대를 현실로서 감내하고 있습니다. 생-마르탱 베지비의 한 테마파크에서는 '늑대 인증표'까지 만들어냈고, 축산업자들은 이를 하나의 품질보증처럼 여겨 포식자의 아이러니한 보증 아래 양고기를 판매하는 데 이용합니다.[5] 이 아슬아슬한 상부상조는 오로지 그 지역 사람들의 희생으로 이루어집니다.

일부 신화에서 늑대는 가장 매혹적인 문장紋章(국가나 단체 또는 집안 따위를 나타내기 위해 사용하는 상징적인 표지 - 옮긴이)으로 등장합니다. 반면 곰은 역시 매우 위험하지만, 여전히 유아적 이미지와 연결되어 있습니다(인류학자 나스타샤 마르탱Nastassja Martin처럼 가르침을 주는 이례적인 경우가 아니라면 말입니다. 그녀는 시베리아에서 곰에게 턱이 뜯겨 나가는 부상을 당했는데, 이후 반은 여성이고 반은 곰인 존재처럼 공격자 곰의 영혼에 사로잡힌 듯한 삶을 살고 있습니다)[6]. 진짜 곰이 장난감 곰 인형에게 죽음을 당했습니다.

모험가들이 사랑하고 아끼는 것은 '경이로운 야수'인 늑대입니다(잭 런던). 우리 모두는 굴레를 벗어버리고 별을 향해 울부짖어야 하는, 길든 늑대일지도 모릅니다(늑대 개는 늑대의 기품은 없이 사나운 성질만 남은 것으로, 길들지 않는 종에서 나온 비뚤어진 후손입니다). 야생의 삶에서는 죽이거나 죽음을 당하고, 먹거나 먹힙니다. 목표는 오로지 고기이기 때문입니다(잭 런던).[7]

활동가들은 '우리의 병든 영혼과 육체를 치유하는 장

---

5   Antoine de Baecque에 의해 인용, *op. cit.*, p. 350.

6   Nastassja Martin, *Croire aux fauves*, Verticales, 2019.

7   *Croc-Blanc, op. cit.*, p. 93.

소'[8]이자, 앵글로색슨족에게는 길들지 않은 황무지(wilderness)인, 야생과의 관계를 회복해야 한다고 말합니다. 무슨 의미일까요? 다시 자연 주기를 따르며 시골에 살거나 폭력, 위법, 규칙 거부를 다시 인정해주자는 것일까요?

다국적 농산물 가공 회사들이 동물 도살에 반대한다는 명목 아래 인공 고기(배양육)를 생산하는 것처럼, 우리는 전통적 인간 활동 근거지 옆에 야생동물을 다시 데려옴으로써 인공적인 산을 다시 창조하고 있습니다. 이는 예전의 산이 아닌, 앞으로의 산이 될 것입니다. 이런 식으로 우리는 고지대에서도 몽골식 천막과 라마를 볼 수 있습니다. 마치 브르타뉴 지방에서 종려나무를, 아르덴주(프랑스 북동부에 위치 – 옮긴이)에서 바나나나무를, 또 인도에서 온 앵무새들이 파리의 정원에서 참새와 박새를 사냥하는 것을 볼 수 있듯이 말입니다.

메제브에서는 고도 2,000미터로 들소들을 이주시키기까지 했습니다. ─식용으로 사육되던─ 그 소들 중 19마리는 몽주산 위의 울타리에서 빠져나왔지만 2019년 7월, 행정명령에 따른 예방 조치로 몰상식하고 잔인하게 죽음을 당

---

8   Pablo Servigne, Raphaël Stevens, Gauthier Chapelle 공저에서 인용, *Une autre fin du monde est possible*, Seuil, 2018, p. 84.

했습니다. 길들지 않은 종을 이주시키는 것이 언제나 환영받는 것은 아닙니다. 오래전 상인과 밀수꾼을 위한 '이동 목축하는 각료'라 불렸던 당나귀와 노새조차 이제는 이곳저곳을 돌아다니는 관광객을 위해 트렁크, 배낭, 아이들을 실어 나르고, 말 무리도 관광객 무리와 짝을 이뤄 다닙니다.

야생동물과 인간의 상호작용은 다양하며, 때로는 정말 놀랍습니다. 야생 염소와 마멋은 조금 친근해져서 지나가는 사람들에게 다가가기도 합니다. 바누아즈Vanoise 공원에서 이 대담한 마멋을 다시 보게 되었는데, 길가에 자리를 잡고 사람 땀에 있는 소금을 모으기 위해 자원봉사자들의 손, 팔, 다리를 핥고 있었습니다. 나도 장딴지, 무릎, 손바닥 위에 그 까끌까끌한 서비스를 누릴 자격을 가졌습니다. 마멋은 부지런히 임무를 완수했고, 아이들에게 큰 웃음을 선사했습니다(땅을 파는 이 포유류가 자신의 똥을 일부 삼키면서 두 번에 걸쳐 소화한다는 사실을 나중에 알게 되고는 약간 관심이 가셨습니다). 자연이 각성한다는 것은 야생동물이 인간 곁에서 먹고살려는, 즉 야생동물의 퇴화일 수도 있습니다. 미국 로키산맥에 쓰레기통을 뒤지는 피자 곰이 있는 것처럼, 레스토랑에 남은 음식을 찾으러 오는 이탈리아 아브루초의 스파게티 늑대에 대한 이야기가 그렇지 않을까요?

1980년대 샌디에이고에서 학생들을 가르칠 당시, 요세미티 국립공원에 오두막을 빌렸던 것이 기억납니다. 열쇠로 문을 잠그는 것을 깜박했는데, 밤중에 엄청나게 큰 우당탕 하는 소리에 잠을 깼습니다. 거대한 갈색 곰이 부엌을 점령하고는 냉장고를 열려고 했습니다. 우리가 지른 비명에 곰은 도망가버렸습니다. 후에 위로의 표시로 곰에게 꿀단지 하나라도 남겨줄걸 하고 후회했습니다.

미국 콜로라도주나 뉴멕시코주에서 곰을 가장 찾기 쉬운 장소는 그 지역의 쓰레기통입니다. 알래스카와 시베리아 혹은 북극에서는 사냥 영역의 축소와 개체 수 밀집으로 고통받는 북극곰들이 마을 거주 지역으로 접근하고 있습니다. 같은 시기 프랑스에서는 사슴, 노루, 멧돼지 수가 급증해 마을을 엉망으로 만들었습니다. 코르시카섬에서는 이리저리 나대는 소들이 공포감을 조성합니다. 새끼 멧돼지들이 해변 휴양지의 미용실 기구에서 발견되고, 해변에서 피서객들 한가운데를 뛰어다닙니다. 이탈리아에서는 수십만 마리의 새끼 멧돼지가 도시로 난입합니다.

이것이 바로 우리가 하려는 복원의 모순성입니다. 역사는 결코 거슬러 올라갈 수 없습니다. 비록 아브르초나 스페인에서 길들인 종과 야생종의 공생이 좀 더 잘 이루어지고 있다 하더라도, 우리가 권리를 회복시키고자 하는 자연은 한낱 문명의 재건에 지나지 않습니다. 늑대의 상징성은 사그라들지 않을 것입니다. 이는—지나치게 여성화된 문화로 남성성을 거세당할까 두려워, 자신 안에 잠들어 있는 야수를 깨우기 위해 짐승의 가죽을 뒤집어쓴 채 덫 사냥꾼이나 인디언으로 위장하고 다니는—북미 생존주의자들의 모습에서 볼 수 있는 명백한 인간의 모방성과 닿아 있기 때문입니다.

로셰트Rochette의 아름다운 만화에는 기진맥진한 사냥꾼이 등장하는데, 그는 자신이 죽이고자 한 늑대에 의해 목숨을 건지고, 그 늑대와 새미 고기를 나누어 먹습니다.[9] 이것이 '다시 야생성으로 복귀하는 것'일까요? 화합에 대한 서약으로 다시 날고기를 먹는 것이요? 가장 폭력적인 본능을 포함해 모든 본능을 자유롭게 놓아버리고 생고기를 먹으며 네발로 걷기를 요구받는, 온순한 등반객의 늑대가 되는 것을 축하해야 할까요? 아니면 밤비Bambi의 뉴에이지 버전[10]으로 숲과 사랑에 빠진 사람의 사슴이 되는 것을 축하해야 할까요? 자신을 동물 무리의 사절이라 내세우며, 인간을 동물의 자리로 되돌려놓으려는 이 우월한 존재들은 누구일

---

9   Jean-Marc Rochette, *Le Loup*, Casterman, 2019, Baptiste Morizot의 후기.

10   Geoffroy Delorme, *L'Homme-chevreuil*, Les Arènes, 2021.

까요?[11] 인류를 공격하기 위해 곰, 늑대, 스라소니는 누구를 이용하는 걸까요(신식 덫 사냥꾼들은 기꺼이 아는 척합니다)?

이 신新야생주의는 현대사회에 대항하는 메시지를 던지기 위해, 자연과 나무를 미화하는 문명인이 꾸는 꿈일 뿐입니다. 인류의 기원으로 돌아가기를 원하지만, 역사는 이미 그곳을 지나왔습니다. 문명 이후의 야성은 문명과 함께합니다. 나는 육식동물을 재교육시키고 늑대, 개, 코요테, 스라소니에게 채소와 과일 섭취를 강요하고자 했던 채식주의 집단을 잊지 못합니다. 그런 식이라면 동물보호주의는 인간적 제국주의의 극치가 된 것이 아니겠습니까!

고속도로를 따라 떠돌아다니거나 마을에 접근하는 늑대를 본다면, 우리는 더 이상 자연의 유입이 아닌, 혼란에 대해 이야기할 것입니다. 흥미롭게도 잘못된 해석에 의해 우리는 자연 속 삶으로의 복귀에 대해 말합니다. 오히려 '서로 다름'이라는 성질을 활용하는 것을 떠올려야 할 시점에 말입니다. 산과 짐승은 인간의 원칙에는 관심이 없기 때문입니다. 이는 우리 자신의 가치에서 찾고자 하는 원형이며, 사회에 미치는 해로운 영향을 교정하는 것입니다. 우리는

11 작가이자 생태 추적자 바티스트 모리조Baptise Morizot, *Sur la piste animale*, 2017, Actes Sud.

인생의 비탈에서 흔들리지 않도록

벗어나고 있다고 생각할 때 뛰어들며, 물러서고 있다고 믿을 때 여전히 점령하고 있습니다. 사미벨이 늑대와 여우에 대한 자신의 삽화집에서 중세 우화시를 차용해 상투적인 생각을 뒤집어놓은 것을 보면 재미있습니다. 여우는 교활하고 말솜씨가 좋으며, 늑대는 우둔하고 바보 같습니다. 늑대는 이빨을 잃고 굶주린 채 수프 한 사발을 얻기 위해 재주를 부립니다.

섬세함의 좋은 예가 있습니다. 고도 3,000미터의 몽블랑산맥 위, 험난한 코스에서 헤매던 발테르 보나티는 눈 속에서 죽어가는 나비를 발견합니다. 한낮의 따사로움이 나비를 황홀감 속에 이 높은 곳까지 데려온 것입니다. 그는 나비를 손에 품고 안전하게, 드뤼Drus 봉우리 아래 샤르푸아Char-poua(2,841미터) 산장으로 데리고 갑니다.[12]

---

12   Walter Bonatti, *op. cit.*, p. 128.

10장

우리를 두렵게 만드는 것을
사랑하라

"숭고한 것은, 그것과 비교해 다른 모든 것이 작아 보이는 것이다."

— 이마누엘 칸트

어렸을 적 레 우슈 도로를 차로 달리고 있었을 때, 보송 Bossons의 빙하가 친절하게도 통행이 가능하도록 아래쪽 모서리가 깎인 채, 도로에서 기껏해야 1킬로미터 정도 떨어진 곳에서 멈추었습니다. 적어도 나는 그렇게 기억하고 싶습니다. 목화솜 같은 폭포가 마구 쏟아져 나뭇조각, 돌덩이, 먼지로 변했습니다. 전나무 조각, 잘게 부서진 암석, 눈가루로 이루어진 지저분한 모습은 나를 공포에 떨게 했습니다. 쏟아져 내린 빙하는 진흙탕 개울 아래쪽으로 희석되어, 아주 더운 여름날이면 자갈을 깐 도로 위로 범람하곤 했습니다. 이 심술 맞고도 괴이한 얼굴은 이렇게 말하는 듯했습니다. "다음번에는 너희를 휩쓸어버리겠어."

그런데 실제로는 반대되는 일이 일어납니다. 우리가 빙

하를 구하기 위해 그 뒤를 쫓아다니고 있습니다. 스위스에서는 태양 광선으로부터 빙하를 보호하기 위해 포대기로 아기를 싸듯 덮개로 빙하를 덮어둡니다. 이는 계곡을 뒤덮기 위해 산이 만들어낸 격렬한 흐름이 아니라, 자신이 태어난 곳으로 돌아가려다 저지당한 태아가 됐습니다(보송 빙하는 1940년대에 줄어들었고, 1955년과 1990년 사이에 회복되어 암벽 측면을 점령하고 있었던 나무와 관목들을 쓰리뜨렸습니다. 그 이후로는 다시 줄어들고 있습니다). 현재는 몇 킬로미터에 달하는 빙퇴석만 남아 있습니다.

빙하에 대해 걱정하기 전, 나는 오랫동안 빙하를 무시무시하다고 생각했습니다. 울퉁불퉁한 지형을 깎아내리는 이 거대한 기계는 슬로모션 속 급류이며 수백 년, 심지어 수천 년에 걸쳐 자신의 과업을 달성할 거대한 연마공입니다. 이런 현상에는 일종의 소화 기능 같은 것이 있습니다. 빙퇴석 덩어리와 빵 표면처럼 노르스름한 색으로 덮인 암석을 여기저기 남기면서 계곡에 노폐물을 뱉어내는, 마치 거대한 창자의 내부와 같습니다.

겨울철 눈으로 덮인 빙하는 다양한 원추 모양이나 무질서하게 솟은 이처럼 보이며, 케이크를 연상시킵니다. 케이크 위에 쏟아놓은 바닐라 시럽 같기도 하고, 니스를 칠한 듯 윤이 나기도 합니다. 여름철 빙하는 자글자글한 주름으로 덮인 지저분한 왕도마뱀 같기도 한데, 이는 먼지와 부서진 나뭇조각의 행렬입니다. 6월 말에는 메르 드 글라스Mer de Glace(몽블랑산맥 북쪽 경사면에 위치한 빙하 계곡 – 옮긴이)의 침전물에서 아주 오래된 악어 비늘이 나왔는데, 이는 여전히 흙이 오염되어 있음을 시사합니다.

암석을 침식하던 빙하는 이제 암석에 침식당할 차례이며, 초라함으로 흉해 보입니다. 암석은 빙하를 먹어치우며 원천까지 거슬러 올라가 뜯어 먹습니다. 여름철 높은 곳에서 내려다보면 메르칸투르의 마지막 빙하인 클라피어Clapier 정상을 아직도 볼 수 있습니다. 쪼글쪼글해진 아주 오래된 동물의 잿빛 유골 같아 보입니다.

이 움직이지 않는 강에는 또 다른 뛰어난 면이 있으니, 바로 보존 능력입니다. 빙하는 무의식 상태처럼 시간에 무심한 듯하지만 엄청난 기억력을 소유하고 있습니다. 하나도 잊어버리지 않고, 30년 혹은 50년 후에도 자신에게 맡겨진 아주 조그만 것까지 그대로 돌려줍니다. 이는 자연의 진정한 가족적인 로맨스입니다. 얼어붙은 통로, 깊고 습한 지하 감방, 함정이 얽혀 있는 이 미궁은 자신에게 떨어지는 것을 언제든 삼켜버릴 준비가 되어 있습니다. 빙하는 삼킨 것을 모두 소화시키지 않고 그대로 저장하는 위장입니다. 푸르스름한 암벽에 있는 얼음으로 이루어진 내장 속에서는 모든 것이 천천히 보존됩니다. 귀중한 패물이나 값비싼 시계를 크레바스에 던지고, 이를 다시 찾는 수고를 증손자들에게 맡겨보십시오. 그 물건들은 치밀하게 고정되어 있을 것입니다. 죽음이 아닌 느린 속도의 삶으로, 수십 년에 걸쳐 진행되는 유기적 과정입니다.

우리는 말라바 프린세스Malabar Princess에 대해 알고 있습니다. 이 인도 국적의 비행기는 스위스 제네바를 경유해 봄베이와 런던 간 노선을 운행 중이었는데, 1950년 11월 3일 투르네트Tournette 정상 암벽과 충돌한 후 고도 4,677미터의 보송 빙하 위에 추락해 부서집니다. 생존자는 아무도 없었습니다. 소름 끼치는 우연인지 저주인지, 16년 후 에어 인디아의 다른 비행기인 칸첸중가Kangchenjunga가 사실상 같은 곳에 추락합니다. 인도의 저명한 물리학자를 포함해 117명의 사망자가 발생했습니다. 이후 빙하는 손, 발, 장신구, 마른 유골, 보석, 그리고 일부는 금속 조각이 된 비행기 잔해를 계속 토해내고 있습니다. 서류와 신문이 가득 들어 있는 외교 행낭도 있습니다. 피부가 갈라지는 것 외에는 추위 속에서 아무것도 늙지 않습니다(말라바 프린세스라니, 관능적 음색을 지닌 근육질의 젊은 왕족이나 추잉 껌으로 풍선을 부는 10대

인생의 비탈에서 흔들리지 않도록

청소년을 상상하게 됩니다).

1833년, 포르티요Portillo 설원(안데스산맥, 2,870미터)에서 노새 행렬을 이끌던 찰스 다윈은 '얼음 기둥 중 하나에 얼어붙은 말이 드러나 있었는데, 마치 받침대 위에 세워져 있는 듯 뒷다리를 하늘로 똑바로 쳐들고 있는 것'[1]을 발견합니다. 빙하가 말을 집어삼키고 방부 처리했던 것입니다(세락 속에서 미라처럼 되어버린 사체 또는 말이라는 테마는 베르나르 미니에Bernard Minier나 장-크리스토프 그랑제Jean-Christophe Grangé의 현대 추리소설 속 단골 소재가 되었습니다). 반투명한 얼음덩어리 속에 조각처럼 박힌 채로, 혹은 피켈을 쥐고 협로에 서 있는 상태로 등산복 속에 뻣뻣하게 굳은 채 발견된 등반가들처럼 말입니다. 새하얀 괴물은 자신만의 밀랍 인형 박물관도 가지고 있는 것입니다.

금고실인 빙하는 시체를 빼앗아 가려는 사람들을 끌어들입니다. 빙하는 공증인과 같은 정확성으로 그들에게 시체를 돌려줍니다. 샤모니의 한 가이드는 자신의 할아버지 시신을 돌아가신 지 50년 후에 되찾았습니다. 2017년, 레 디아블레레Les Diablerets산맥에서 한 커플의 시신이 발견되었는

---

1   로버트 맥팔레인Robert Macfarlane에 의해 인용, *op. cit.*, p. 225.

데, 옆에는 배낭, 물병, 책 한 권과 시계 하나가 있었습니다. 이들은 1942년 챈돌린(스위스 발레주)에서 가축을 데리고 출발했습니다.

2016년, 스위스의 테오둘Théodule 고개에서는 1600년경 사망한 것으로 보이는 용병의 유골이 검, 권총, 동전과 함께 모습을 드러냅니다. 1년 후에는 미아주(몽블랑 산악 지대) 능선 아래에서 1990년대에 실종되었던 독일 등반가 세 명이 발견되었습니다. 2014년 한 아버지는 32년 전 가이드 지망생으로 에귀유 베르트 정상을 정복하기 위해 떠났던 아들의 시신을 찾았다는 기별을 받았는데, 그동안 너무나도 애통해하며 두려워하던 소식이었습니다. 아버지는 차라리 아들이 저 위쪽 '자신의 나라'에 계속 머무르기를 바랐을 수도 있습니다. 추위는 저들을 모두 소름 끼치는 포옹으로 감싸 안았습니다. 기온이 상승해 실종자를 발견하는 데 속도가 붙고 있으며, 이번 세기 안으로 수백 구의 시신을 발굴할 것으로 예측됩니다.

오래전 고약한 존재였던 빙하를 사람들은 이제 도자기처럼 조심스레 다루며 애지중지합니다. 빙하 표면을 걷는 것보다 더 아름답고 까다로운 일은 없습니다. 마치 당신을 덥석 삼키기 위해 방심하기만 기다리고 있는 용의 등을 쓰

인생의 비탈에서 흔들리지 않도록

다듬는 것과 같습니다. 그러다 어떤 흡입 과정에 의해 사람들이 빨려 들어가고, 땅이 꺼지면서 로프에 묶이지 않은 사람에게는 불행이 닥칩니다. 깊은 구렁은 경이로운 공포 속에, 바라보기만 해도 당신을 갈기갈기 찢어놓고 싶어 하는 것 같습니다.

하루 중 가장 따뜻한 시간에는 눈으로 된 아치에 너무 많은 무게를 가하면 안 됩니다. 무게가 5~6톤에 달하는, 당신 머리 위쪽에 매달려 있는 세락은 말할 것도 없습니다. 허공에 반쯤 떠 있는 바퀴와 같은 그것들은 금방이라도 기울어질 위험이 있습니다. 멀리서 보면 하얀 대리석 계단 같기도 하고, 특히 눈이 내린 후에는 마치 호화로운 행렬로 하늘에서 내려오는 황제 폐하의 도착을 알리는 장엄한 내리막길 같기도 합니다. 가까이 가면 비스듬히 기울어진 배 같기도 하고 입방체, 유리 파편, 몇 미터나 되는 창 모양 얼음이 무질서하게 엉켜 있는 덩어리이기도 하며, 불안스럽게 꾸릉거리는 소리와 때때로 떨어지는 얼음덩어리의 굉음을 들려주지만 온순한 척하는 얼어붙은 물결입니다.

여름철 강한 열기에 노출된 빙하는 표면에 상당한 침식작용을 겪게 되어, 무덤에서 파낸 해골이 웃는 것처럼 잇몸을 훤히 드러냅니다. 빙하는 전혀 조용하지 않습니다. 사방에서 삐거덕거리는 소리를 내고 신음하는데, 복잡한 시계의 기계장치 같습니다. 화창한 계절에 빙하는 특히 리마예 rimaye(움직이는 얼음과 움직이지 않는 환경—일반적으로 암석, 바위에 붙어 있는 얼음 또는 단단한 눈—사이의 상부 테두리에 위치한 빙하의 깊은 틈새 – 옮긴이) 근처에서 노래하기 시작합니다. 얼어붙었던 물이 깨어나 비탈을 따라 소곤거리며 수다를 떱니다. 샘물은 한곳으로 모입니다. 크레바스는 거대한 충치를 보여주려고 벌린 푸른빛 혹은 보랏빛 아가리처럼 보입니다. 빙하는 반세기에 걸쳐 거대한 암석 지대를 내려갈 수 있습니다. 빙하는 인간의 시간을 무시하고 몇 세기 동안 사색합니다. 그렇지만 시간은 빙하를 모른 체하지 않고 끝내 부숴버리고 맙니다. 7월이 되면 메르 드 글라스는 지저분한 자갈투성이 고속도로 같습니다. 엄청난 속도로 떠내려가는 가운데, 지면 아래 짙은 녹음의 절벽과 에메랄드빛 협곡, 신비로운 동굴이 있을 거라고 상상하기는 어렵습니다.

오늘날 추위는 더 이상 알프스의 해결사가 아닙니다. 암벽을 견고히 해주던 동토층이 녹으며 암석들이 떨어지고 있습니다. 눈이 향수와 연결된 프랑수아 비용François Villon 의 작품에서처럼, 눈은 지나간 옛일이 되었습니다. 눈과 관련해 우리는 두 가지 공포 사이에서 동요합니다. 20세기인 1970년대에도 여전히 우리 뇌리를 맴돌던 빙하기와 오늘날의 지구온난화가 바로 그것입니다. 우리 조상들은 빙하의 대재앙이 인간과 아름다운 풍경을 혹독한 추위에 가둬버릴 것을 두려워했습니다. 우리는 전 세계적인 혹독한 더위가 계절의 균형을 붕괴시킬까 걱정하고 있습니다.

은유는 두 가지 의미로 이루어질 수 있는데, 중세에는 때때로 그 둘을 조화시켰습니다. 브르타뉴 지방의 일부 예수 수난상에서는 지옥을 극 지대처럼, 신과 창조물을 분리하는 장소로 표현하고 있습니다. 지옥에 있다는 것은 영혼의 생생한 원천과 타인에게서 멀리 떨어져 홀로 있는 것입니다. 불타오르는 지옥은 르네상스 시대가 고안해낸 것으로, 죄인의 몸을 태우는 불의 이미지는 몸을 뒤틀리게 하는 얼음의 이미지보다 훨씬 의미심장했습니다.

산이나 북쪽 지방을 다녀본 사람은 누구나 동결凍結도 불꽃처럼 피가 날 때까지 타 들어간다는 것을 압니다. 극한의 추위와 더위는 같은 효과를 냅니다. 가스통 바슐라르가 말하길 추위에 대한 상상력은 빈약한데, 이는 풍요로운 육체로 여겨지는 따뜻함과는 반대로 추위는 긍정적인 가치로 인식되는 경우가 거의 없기 때문이라고 했습니다.[2] 그가 인용한 버니지아 울프의 구절에서 혹독한 겨울은 새들이 공

2   Gaston Bachelard, *La Terre et les rêveries de la volonté*, Corti, Les Massicotés, p. 216~217.

중에서 얼어 조약돌처럼 떨어지고, 물고기들은 강물 속에서 굳어 꼼짝 못하고, 여행자들은 돌로 변해 길 위의 경계석이 되어버리는 시기라고 묘사됩니다. 그는 이런 이미지가 재미 있지만 과장되었다고 생각합니다.

이제 추위는 지구온난화에 대한 견제로 다시 효용이 생 겼습니다. 지구의 극과 빙산이 사라질지도 모른다는 공포 는, 비록 소빙기小氷期(14~19세기)가 유럽에 상상을 초월하 는 기술적 도약을 가져왔다고는 하지만, 소빙기와 이에 수 반되었던 혐오스러운 것들, 기근, 질병까지 긍정적으로 생 각하도록 만듭니다.[3] 우리는 푸른 목초지를 고갈시켜버릴 지도 모르는 사막에 대한 공포 속에 살고 있습니다(2021년 2월, 마그레브Maghreb에서 불어오는 열풍은 알프스산 전체를 황토 미세 먼지로 뒤덮어버렸습니다. 대기는 주황색으로 물들었고, 2개 월이 지난 뒤에도 여전히 바람에 쌓인 눈 더미는 모래 섞인 반죽 처럼 가운데 가늘고 노란 줄이 보였습니다).

고작해야 150년 전, 전례 없이 혹독한 시베리아 시대가 대지를 황폐하게 만들고 문명의 종말을 가져올 것이라고 확신했던 지질학자나 시인의 글을 오늘날 다시 읽어보면 기분이 묘합니다. 이제 빙하는 작아지고 있고, 우리는 예정

---

3 이는 특히 로버트 맥팔레인의 훌륭한 저서의 주제다. *L'Esprit de la montagne*, 프랑스 어 번역판, Plon, 2004, p. 131~133.

된 빙하의 소멸에 슬퍼합니다. 과거 우리 조상들은 빙하 앞에서 도망쳤던 반면, 우리는 빙하를 안타깝게 생각하며 구하고 싶어 합니다. 빙하는 마치 이가 없어 입속으로 입술이 말려 들어가는 노인처럼 쪼그라들고 있습니다. 교회는 빙하 옆으로 죗값을 치르기 위해 줄 지어 가는 죄인들의 영혼을 지켜보았습니다. 이런 종교적 미신은 우리 마음을 혹하게 하며, 우리는 이런 자연을 지나치게 다스려온 것에 괴로워합니다. 정신적 동요는 패배가 아니라 승리에서 옵니다.

산이란 어떤 사람들에게는 싸워 이겨야 하는 적이며, 또 다른 이들에게는 개발해야 할 수입의 원천입니다. 그리고 마침내 산은 '요정의 정원(가스통 레뷔파)'으로, 비록 그 요정이 격정에 휩싸일 때조차 애정으로 잘 가꿔야 합니다. 어제 우리가 두려워했던 것을 오늘 소중히 여겨야 합니다.

11장

죽음과 스릴 사이

"어떤 환희가 저를 감싸 안습니다. 그런데 이를 뭐라 표현할 수 없습니다. 이 모든 것이 너무도 새롭고 너무나도 놀랍습니다. (…) 거대한 단절이 세상으로부터 저를 분리합니다. 어떤 다른 세계, 황량하고 생명이 없으며 모든 것이 말라붙은 그런 곳에서 나는 앞으로 나아갑니다. 인간의 존재를 예상하지도 않고, 원치도 않는 환상적인 공간입니다. 우리는 금기를 무시하고, 우리를 거부하는 것을 넘어, 어떤 두려움도 없이 올라갑니다."

— 모리스 에르조그Maurice Herzog, 《안나푸르나, 프리미어 8000》

산은 우연히 죽음을 불러오는 곳이 아니라 인간들이 산을 정복하거나 길들이려고 할 때, 자연스레 그렇게 됩니다. 그래서 가장 아름다운 코스는 등반에 성공하지 못하거나 실종으로 끝나는 비극적인 코스인 것 같습니다. 평이한 등반은 정중한 박수갈채를 불러옵니다. 오로지 추위나 탈진으로 죽은 등반가만이 우리의 마음을 건드립니다. 실패는 등반가들이 성에로 이루어진 수의에 매장되어 있을 때, 그들을 전설로 미화합니다. 어느 세대에나 엄청나게 대담하고 무모한 사람들은 꼭 있습니다. 인간의 한계를 느끼기 위해 만일 죽음을 무릅써야 할 필요가 있다면, 이들은 결국 목숨을 겁니다. 죽음의 유령과 벌이는 승부는 고지의 위대한 기사들이 가장 좋아하는 열정의 대상입니다.

그 예로 한계상황을 즐기는 리오넬 테레이는 쓸모없는 것을 정복한다기보다는 불가능한 것을 정복한 사람입니다. 베르코르Vercors산맥에서 추락 사고로 죽기 전까지, 평생 그는 끊임없이 죽음을 모면하며 자살을 잠시 미루는 것과 같은 삶을 살았습니다. 그는 삶과 죽음의 경계에서 자유를 발견했습니다. 1950년, 당시 기차가 멈출 때마다 외과 의사가 동상에 걸려 껍질이 벗어진 그의 말단부(엄청난 수의 구더기가 상처를 잠식하고 괴사된 부분을 파먹고 있던)를 계속 잘라내고 있던, 탈진한 모리스 에르조그와 안나푸르나에서의 귀환을 떠올리면서 리오넬 테레이는 이렇게 씁니다. "우리가 꾸었던 꿈이 조금씩 사라지고 있었습니다. 고통과 환희, 영웅심과 비굴함, 햇빛과 진흙, 위대함과 편협함, 이 모든 것들이 끔찍하게 뒤섞인 가운데 우리는 천천히 땅으로 내려왔습니다."[1]

모두가 그곳에서 발이 묶일 뻔했던 이 무모한 원정에서, 그들이 느낀 공포는 죽음에 대한 것이라기보다 신체 일부가 절단된 채 돌아갈지도 모른다는 것이었습니다. 그들중 일부는 그곳에서 시력을 잃었고, 몇몇은 팔다리를 잃었습니다. 이들에게는 신체 기능을 잃는 것이 죽음보다 가혹합니다. 그중 상태가 가장 나은 이들이 라슈날과 에르조그의 마비된 손가락과 발가락에 피가 다시 통하도록 몇 시간동안 쉬지 않고 그들의 굳어버린 손과 발을 문질렀습니다. 그들은 죽음의 지대(고도 7,500~8,000미터 이상으로, 인간은 산소가 부족해 돌이킬 수 없는 신체 손상을 입게 되는 공간)에 너무도 오래 머물렀으므로, 이에 대해 값비싼 대가를 치를 위험에 처해 있었습니다. 이번에는 발테르 보나티가 알프스에서이루어진 다른 등정에 관해 이렇게 씁니다. "내가 정말로 아무것도 아닌 존재이며, 운에 지배되는 우월한 힘에 맡겨져있다고 느꼈습니다."[2] 이 위험천만한 장소에 접근하는 것은죽음, 이 불가사의한 존재에게 자신을 맡기는 것입니다.

각각의 산악들은 혹독함으로, 스스로를 지배하려는 우리 의지를 조롱합니다. 즉 우리는 여전히 거인을 굴복시키

1   Lionel Terray, *Les Congérants de l'inutile*, op. cit, p. 370.

2   Walter Bonatti, *op. cit.*, p. 300.

고자 조바심을 내는 공격적인 난쟁이일 뿐입니다. 매년 알프스와 피레네산맥을 슬픔에 잠기게 하는 수많은 죽음이 이를 증명합니다. 산은 여전히 자신을 기어오르며 간질이는 곤충만 한 인간의 죽음에 무심하며, 비탈에는 예수 십자가상, 십자가, 돌무덤이 산재합니다.

아라비산맥 2,500미터 지점의 완만한 아치형 고개인 트루 드 라 무슈Trou de la Mouche에 있는 추모 명판 또한 미찬가지인데, 이는 다른 세세한 설명 없이도 24세 군인이 최근에 실종되었음을 떠올리게 합니다. 이런 경고는 등골이 서늘해지게 합니다. 동시에 우리는 궁금증에 몸이 달아오르기도 합니다. 무슨 일이 있었던 걸까? 동사한 것일까? 벼락을 맞은 걸까? 병에 걸렸나, 아니면 추락한 걸까? 샤모니 묘지에 있는 무덤 중 많은 수가 놀랍게도 모두 알프스에서 근래 혹은 예전에 발생한 사고와 관련되어 있습니다.

신께 감사하게도, 등반이 모두 중독 같은 광적인 열정, 어떤 희생을 치르더라도 이겨내겠다는 의지로 집약되지는 않습니다. 우리는 라인홀트 메스너가 옹호한 고지의 아나키즘을 더 좋아할 수도 있습니다. 그는 가장 무시무시한 암벽을 자유의 공간으로 보지만, 이 자유는 질서와 원칙으로 짜인 틀 속 자유입니다.[3] 유명한 문구를 빌리자면, 우리가 원하는 것을 하는 것이 아니라 우리가 할 수 있는 것을 원해야 한다고 합니다. 그렇지만 우리는 늘 우리가 생각하는 것보다 많이 할 수 있습니다. 이 현실적인 지혜에 이르기 전, 우리는 만일 젊다면 기상천외한 일, 초인적 시련에 부딪혀보기를 희망합니다. 대선배가 이루어낸 하나하나의 위업은 적어도 우리가 그에 필적하고자 하는 이정표입니다. 모든 열정은 길을 터주고, 가르치고, 제자를 키워내려는 인도자를 필요로 합니다.

리오넬 테레이는 1965년 9월, 베르코르의 제르비에Gerbier 산등성이에서 추락사합니다. 물론 400미터 높이에 안개가 자욱한 암벽이긴 했지만, 그가 그때까지 겪은 것보다 더 어렵지는 않았습니다. 라슈날의 경우 안나푸르나에서 심한 부상을 당하고 돌아와 한동안 자동차 레이서로 전직했는데, 1955년 11월 25일 발레 블랑슈Vallée Blanche에서 스키로 하강하던 중 크레바스에 빠졌습니다. 두 사람 모두에게 평범한 삶으로의 복귀는 있을 수 없는 일이었습니다.

늙는다는 것, 즉 자제한다는 것, 삶을 불태우고 난 후 활력이 감소한다는 것을 예상하는 것은 더 이상 가능하지 않은 듯했습니다. 과도하게 사용한 신체는 일정 나이가 지나

3   Reinhold Messner, *Le Sur-vivant, op. cit.*, p. 362.

면 쉬어야 합니다. 리오넬 테레이는 슬픈 어조로 이렇게 예상했습니다. "여정을 멈추기 위해, 세상 그 어디에도 저를 기다리는 돌, 세락, 크레바스 하나가 없다면, 언젠가 늙고 지친 제가 동물과 꽃들 사이에서 평화를 찾는 법을 알게 될 날이 올 것입니다. 반복되던 도전은 멈출 것이고, 저는 드디어 어렸을 적 꿈꾸던 단순한 목자가 될 겁니다…."[4] 암벽 위 기사들에게 평범한 일상에 익숙해지기란 불가능한 일인가 봅니다.

끊임없는 현기증에서 어떻게 살아남을까요? 이는 필사적으로 도전하는 모험가와 예술가의 의문입니다. 이들에게는 나이가 든다는 불행은 낭떠러지보다 더 고약합니다. 모든 산을 정복하겠다는 의지는 45~50세부터 체력이 약화되면서 한계에 부딪힙니다. 돌발 상황, 긴 여정, 잠을 안 자고 4~5일간 버티고도 까다로운 코스를 넘을 수 있는 역량이 건장한 몸을 쇠약하게 하는 순간이 옵니다.

등반가와 피아니스트에는 연관성이 존재합니다. 그 연관성이란 섬세한 과정을 풀어내고 두 손을 조화롭게 움직여, 등반가는 떨어지지 않고 기어오르고, 피아니스트는 실

---

4   *Ibid.*, p. 435.

수 없이 선율을 더 멀리까지 보내는 일입니다. 둘 다 상반되는 여러 면을 포용하는, 예술이라는 것입니다. 단지 피아노의 거장은 음 하나 틀리는 것에 목숨을 걸지 않는다는 점만 제외하면 말입니다.

불가침으로 여겨지는 산 정상과 거대한 북쪽 벽면에서의 스릴, 폭풍우 속 야영, 앞으로 나아가기 위해 수직과 경사면에 도전하는 것, 암벽의 요철과 손톱을 이용해 기어오르는 거미 인간이 되기 위한 의지 같은 것은 절대적 위험을 감수하는 소수 엘리트 계급에만 주어집니다. 이를 위해서는 활력과 뛰어난 근력, 그리고 무분별에 가까운 용기가 필요합니다. 중력에서 자유로워진다는 것은 면도날 위에서 지내는 것이며, 죽음이라는 가능성의 대문을 여는 것입니다(구조대가 있어 위험이 조금은 줄어든다 할지라도 말입니다). 그것은 소멸에 가까운 무아지경이고, 어떤 이들에게는 닥쳐올 위험 따위는 신경 쓰지 않고 전속력으로 올라가도록 몰아붙이는 일종의 최면 상태입니다. "장엄함 혹은 절대적인 것에 대한 열정이 우리로 하여금 삶의 달콤함에서 빠져나와 이 수직 사막의 거만한 고독을 범하게 만들었는가(리오넬 테레이, 아이거Eiger 북벽 위에서 라슈날과 함께)?"[5]

그렇다면 명예로운 죽음, 평범한 사람들의 딱한 죽음을

능가하는 죽음을 어찌 꿈꾸지 않을까요? 산꼭대기에서 경험하는 역동성은 가장 대담한 사람들로 하여금, 이 제단 없는 성당에서 자신을 신이라 생각하고 인간적 한계 이상으로 기어오르도록 몰아붙입니다. 그들은 언제나 곤두박질 치기 직전에 '중력을 극복하는, 거의 초인적인 능숙함이라는 짜릿한 감각'에 사로잡힙니다(리오넬 테레이). 그들은 비할 데 없을 만큼 혹독한 시련에 자발적으로 순응합니다. 리오넬 테레이는 자신에 대해 이렇게 말합니다. "라슈날과 함께 우리는 원숭이와 아이벡스 중간쯤 되는 알프스의 야수가 되었습니다. (…) 내 움직임의 자유로움과 속도는 거의 초인적 면모를 띠고 있었습니다. (…) 우리는 몇 시간 동안이나 비탈길을 오르고, 암벽을 간단한 사다리처럼 기어오르고, 중력의 법칙을 무시한 채 협곡을 뛰어내려 갈 수 있었습니다."[6] 거대한 광물 불꽃인 마터호른 등정에 대해서도 그는 '뛰어오르는 새미의 행렬'이라고까지 말합니다.[7]

낮은 골짜기와 빛나는 고지, 평범한 사람과 비범한 존재, 이처럼 산은 단순하게 계급을 나눕니다. 이 둘 사이에는 평범함과 완벽함이 절충된 모든 종류의 중간 계층이 존

---

5   Lionel Terray, *op. cit.*, p. 201.

6   *Ibid.*, p. 161.

7   *Ibid.*, p. 163.

인생의 비탈에서 흔들리지 않도록

재합니다. 그런데 빛나는 곳은 대가가 따릅니다. 이는 인간이 아닌, 신이 머무는 곳이기 때문입니다. 죽음이 가능한 장소이기에, 고지의 능선을 활보하는 이들은 늘 그렇듯 눈속임만큼이나 도발적인 죽음의 유령과 한판 춤을 추기 시작합니다. 그 위에서 그들이 찾고자 하는 것은 절대적 자유로, 이는 어떤 신체적 혹은 정신적 한계에 제동을 걸지 않는 자유입니다. 비극적 사고는 그들에게는 불운이 아닌 일상적인 환경으로, 완전히 사라질 가능성, 더 높은 원리인 절대적 힘에 육신을 희생할 가능성을 내포합니다.

가장 높은 정상은 사람이 살 수 없고, 숨이 막히며, 쉽게 드나들 수 없는, 최고의 희생 장소이기에 정복해야만 합니다. 그곳은 돌아올 수 없는 존재의 영역이며 생존만이 그 위대함의 유일한 증거인, 신 없는 신명 재판(중세 유럽에서 피고에게 신체적 고통이나 시련을 가해, 그 결과에 따라 죄의 유무를 판단하는 재판 방식 – 옮긴이)입니다. 그곳에 접근하는 사람은 누구나, 일부러 도발한 잠깐의 유희처럼 매 순간 저승사자와 사귀는 것입니다.

죽다 살아나도록 한 사고는 개인에게 구원받은 천사 이미지를 안겨주며, 이는 존경심을 불러일으킵니다. 바로 작가이자 등반가 실뱅 테송 Sylvain Tesson 의 경우로, 그는 2014년 샤모니에 있는 프랑수아즈 게랭Françoise Guérin의 별장 지붕에서 떨어져 거의 죽은 것으로 여겨졌습니다. 그의 회복은 기적과 같은 것으로, 더 사려 깊고 개선된, 딴사람을 만들어냈습니다.

죽음을 비웃고 살아남은 사람보다 우리가 더 열광하는 대상은 없습니다. 으스러지거나 동상에 걸린 손가락, 폭풍 속에서 줄사다리에 매달린 채 보낸 밤, 탈수증, 햇빛으로 입은 화상, 배고픔과 갈증, 아르장티에Argentière 빙하 위에서 돌에 오른쪽 얼굴과 어깨가 부서진 안셀름 보[8]의 경우처럼 안면에 영구적 손상을 남기는 날카로운 암석들, 이 비범한 존재들이 견뎌낸 시련의 양은 도저히 믿을 수 없을 정도입니다. 아마 우리 중 한 사람도 눈사태에 매몰되거나 사지가 부서지는 추락에서 살아남지 못할 것입니다.

이런 암벽 위에서는 단테의 원칙이 등장합니다. '여기서 모든 희망을 버려라'입니다. 1996년 단 하루 만에 8명의 사망자를 낸, 너무도 치명적이었던 원정 등반에 대해 쓴 미국인 존 크라카우어Jon Krakauer의 책《에베레스트에서의 비극 Tragédie à l'Everest》(1997)에 잘 나타나 있습니다. 이는 극한의 줄타기를 하는 이들이 추구하는 절대자와의 대치이며, 어떤

---

8   Anselme Baud, *Au pays des terres hautes*, Kero, 2018, p. 125.

한계로도 저지할 수 없는 몸싸움입니다. 영웅이란 무엇입니까? 죽음과 싸워 이기고, 불멸의 오라를 지닌 사람입니다. 이후 그가 늙고 지쳐 사라져도 그가 그 시대에 남기고 간 흔적은 영원합니다. 이는 현대 낭만주의의 한 양식처럼 궁극의 위험을 경험하는 것입니다. 사람들은 이런 초인적인 위업 앞에서 경탄할 수도 있고, 19세기의 (당시 등반은 그 시작 단계였던) 미슐레Michelet처럼 이를 '성스러운 처녀들'[9]을 범하는 단순한 곡예로 간주할 수도 있습니다.

페루 안데스산맥, 술리아 그란데Sulia Grande(6,344미터)산 서쪽 벽면에서 다리가 부러졌던 영국인 조 심프슨의 놀라운 모험은 전 사회가 알고 있습니다. 그와 로프로 연결되어 있던 동료가, 하강하면서 그가 실종되었다고 생각하고 그들을 연결해주던 로프를 끊어버립니다. 심프슨은 크레바스에 빠졌고, 또 다른 조력자가 있는 베이스캠프를 찾기 위해 꼬박 이틀 동안 출구를 향해 기어 올라갑니다. 그는 기력이 다할 때쯤 캠프에 도착하는데, 마침 다른 두 명은 '속죄'하기 위해 심프슨의 소지품을 모두 태우고 떠날 준비를 하고 있었습니다. 망자의 나라에서 불쑥 나타난 이 유령을 보았으

---

9   Jules Michelet, *La Montagne*, Le Pommier, 2020, p. 9~10.

니 놀라 자빠질 일이었겠지요. 2년간의 재활 훈련과 6번의 수술 후 조 심프슨은 옛 동료에 대한 악감정 없이 다시 등반을 시작하고, 이후 1,600미터의 험난한 암벽인 아이거 북벽에서 한 무리의 로프 등반 대열이 추락하는 것을 목격한 후 등반을 그만둡니다.[10]

죽음의 제물이 되지 않기 위해, 침략자 수십 명의 생명을 앗아간 이 요새를 공략하기 위해, 또 어떤 희생을 치르더라도 죽음을 굴복시키기 위해 죽음과 춤을 추어야 할 필요가 있을까요? 리오넬 테레이는 라슈날과 함께 아이거를 오르며 콘크리트처럼 틈 하나 없이 촘촘한 바위와 빙벽을 맞닥뜨리자 이렇게 외칩니다. "정복하거나 아니면 죽거나!"

영국 산악인 맬러리에게 죽음은 명예, 그리고 명예를 넘어 신화의 시작을 의미했습니다. 다니구치 지로와 유메마쿠라 바쿠가 그들의 유명한 일본 만화이자 애니메이션 영화로 각색된 《신들의 봉우리》[11]를 맬러리에게 헌정하기까지 했으니 말입니다. 다른 모든 이들에게 죽음은 사고입니다. 간단히 말해, 알프스나 히말라야의 몰록(아이를 제물로

10 Joe Simpson, *La Mort suspendue*, Glénat, 2004, 프랑스어 번역판. *Eiger, la dernière course*, Glénat, 2003.

11 *Le Sommet des dieux*, Dargaud Lombard, 프랑스어 번역판, 2020.

바치고 섬긴 신 – 옮긴이)은 숭배자들에게 자신의 영예를 위해 목숨을 바칠 것을 요구합니다. 감히 자신을 기어오르려는 분별없는 자들의 피가 필요한 것입니다. 산자락, 목초지, 빙퇴석에는 인간과 동물의 사체가 흩어져 있으며, 그 수는 해마다 늘고 있습니다. 숭배라는 논리 속에 산을 사랑하는 사람들을 죽입니다. 산을 오르는 것은 단지 더 좋은 공기를 마시는 것이 아니라, 세상을 떠난 이들의 발자취를 끊임없이 따라가는 일입니다.

무심한 거인은 특히 상황이 좋지 않을 때는 아무 예고도 없이 경솔한 사람이든 신중한 사람이든 가리지 않고 모두 해칩니다. 살아남은 사람들은 운이 나빴던 동료에 대한 기억에 사로잡힐 것입니다. 등반 개척자인 영국인 에드워드 휨퍼Edward Whymper는 1865년 마터호른에서 하산할 당시, 세 명의 친구가 추락한 뒤 석양 속에 두 개의 십자가가 떠 있는 것을 보았다고 믿습니다.[12] 그런데 허공의 신기루 너머로 그를 격분하게 만든 것은, 이 불운한 사고가 불과 한 시간 후면 자신들에게 적지 않은 고객을 데려다주리라고 확신하는 현지 가이드들의 냉소적 태도였습니다.[13]

---

12   로버트 맥팔레인에 의해 인용, *op. cit.*, p. 221. 에드워드 휨퍼가 *Escalades dans les Alpes, Descente du Cervin*에서 이 비극에 대해 이야기하다. Hoëbeke, 2017, p. 160.

13   *Ibid.*, p. 165.

이따금 고지 탐험가들이 치명적인 추락을 모면하기도 합니다. 스위스의 젊은 지질학자 알베르트 하임Albert Heim이 그런 경우인데, 그는 1871년 샌티스Säntis산(2,500미터)에서 내려오다 빙설 위로 미끄러지지만, 암벽 밑에 쌓여 있던 눈이 충격을 완화해 기적적으로 궁지에서 벗어납니다. 그는 평생 이 경험에 사로잡히며, 여기에서 교훈을 얻어 임박한 죽음을 다룬 여러 작품의 영감을 얻게 됩니다. 찰나의 순간에 그는 절대적 고요함과 맑은 정신, 점점 속도가 빨라지는 정신 상태, 확실한 죽음 앞에서의 평정심, 타협에 대한 의지를 느꼈습니다.[14]

그러나 기적은 드물고, 대부분의 참사는 터무니없는 일, 치명적인 실수에서 비롯됩니다. 이를테면 2020년 한 이탈리아 여성 산악인은 앙트레브Entrèves 산악 지대에서 악천후를 피하려고 지름길을 택해, 현수하강(급경사에서 고정된 로프를 이용해 하강하는 방법 - 옮긴이)을 위해 바위에 묶여 있는 끈을 이용합니다. 그런데 끈이 끊어지면서 추락했습니다. 또 프랑스 남동부 톤 지역의 비아 페라타via ferrata(보호 등반 루트, 암벽등반을 안전하고 쉽게 할 수 있도록 곳곳에 철심을 박아 와이어 로프로 고정해둔 길 - 옮긴이)에서 안전 줄에 클립을 채

---

14   Thomas Vennin, *Un voyage dans les délires d'altitude*에서, Guérin, Paulsen, 2020, p. 85~87.

우지 못해 한순간에 균형을 잃고 추락한 사람도 있습니다. 그의 마지막 외침은 아마도 "젠장!"이었을 겁니다. 그저 짜증 나는 난처한 상황처럼 말입니다.

　모든 죽음이 다 똑같은 가치를 지니지는 않습니다. 숭고한 죽음이 있는 반면, 우스꽝스러운 죽음도 있습니다. 죽었지만 다른 사람들은 조의조차 표하지 않은 채 기억합니다. 종종 치명적 실수는 최악의 상황을 피하고 난 후 발생합니다. 최악을 피했다고 생각했지만, 이는 단지 다음 단계를 예고하는 것일 뿐입니다. 수직의 줄타기 곡예를 하는 사람에게 최악은 계단에서 미끄러지고, 발을 헛디뎌 어처구니없이 죽는 것입니다. 그런 일이 발생합니다. 가파른 계단을 내려가는 것은 모든 코스의 시작과 끝입니다.

　"죽음은 삶을 운명으로 바꿉니다." 말로Malraux가 한 말입니다. 어떤 운명은 죽음을 복종하게 합니다. 리오넬 테레이는 이렇게 말합니다. "죽음의 경계에서 오랫동안 이리저리 헤맨 후 양팔 가득 다시 삶을 부여안게 되었을 때, 가슴속에서 끓어오르며 우리의 마지막 힘줄까지 스며드는 엄청난 환희의 맛, 이게 바로 우리가 찾으려 했던 것입니다."[15]

15　Paul Yonnet에 의해 인용, *op. cit.*, p. 55.

어처구니없게 오솔길로 거꾸러지거나, 동료의 신발이 건드려 떨어진 돌에 맞아 죽거나 하지 않는 한, 이는 마지막 추락을 가지고 하는 게임입니다. 그리고 만일 가족 중 아버지가 우연히 죽음을 피했다면, 그 아들 혹은 형제 아니면 친구가 눈사태, 크레바스, 흔들리는 바위에 희생될 수 있습니다.

순간의 부주의에서 비롯된 끔찍한 죽음도 있고, 자연조건에 냉철하게 맞서다 맞은 의연한 죽음도 있습니다. 등반가들이 목숨을 걸지 않았다면, 등반은 그 말도 안 되는 기품을 얻지 못했을 것입니다. 우둔한 보이오티아인(고대 그리스 도시국가인 보이오티아에 살던 사람들로 우둔하고 교양 없는 사람을 뜻함 – 옮긴이)이 평야에서 발을 구르는 것과 달리, 지구의 더 높은 곳으로 끌리는 데는 대가가 따릅니다. 그 대가는 바로 무엇인가를 뛰어넘는 것입니다. 이런 까닭에 영웅은 고된 만큼 훌륭합니다. 산은 아름답고 매혹적입니다. 동시에 내가 싫어하는 거대한 묘지이기도 합니다.

"지나가는 이들이여, 우리도 한때 지금의 그대들과 같았고, 그대들도 언젠가 지금의 우리와 같아질 것임을 기억하시오."

12장

산은 암석으로 이루어진
거대한 책

알프스산맥, 보주Vosges산맥, 쥐라 지방, 중앙 산악 지대, 피레네산맥 등 지난 몇 세기 동안 극심한 결핍과 혹독함의 장소였던 그곳들이 20세기 중반에는 짜릿한 감동을 찾으려는 도시인의 놀이터가 되었다는 사실은 언제나 놀랍습니다. 그 도시인들이 오래전 척박한 곳이었던 이 마을들을 부유하고 성공하도록 만든 것입니다. 가난한 이와 노숙자의 적이자 무시무시한 눈사람인 겨울은 온갖 우아함의 계절이 되었습니다. '8일간의 하얀 눈, 일 년 내내 장밋빛 뺨', 1930년 메제브를 광고하던 문구입니다. 무섭게 솟아오른 땅, 혹한의 장소가 이제는 건강의 전형이 되었습니다. 우리는 평원의 지루함에서 벗어나고 볼거리를 만들기 위해 이 장소들을 차지했습니다.

하지만 고지를 점령한 데는 그만큼 폐해도 많습니다. 바로 점령으로 인한 혼잡, 숨 막힘입니다. 메리벨Méribel, 샤모니, 코르티나 담페초Cortina d'Ampezzo, 체르마트Zermatt에서처럼 발디제르Val d'Isère의 등산로는 바벨탑을 연상시킵니다. 그

곳에서 사람들은 즐거운 언어적 혼란 속에 튀르키예어, 일
본어, 중국어, 영어를 말합니다. 청바지와 에스파드리유(밀
짚으로 만든 여름 피서용 신발 - 옮긴이) 차림의 무리가 해변을
망친 후, 어떻게 하면 그 인기에서 산을 지킬까요? 일 년에
불과 몇 달일지라도 인간의 유입이 자연환경을 무너뜨리지
않을까 하는 우려 속에 일부 단체가 산장을 꾸미고, 새로운
회원을 받아들이기를 주저하는 것은 이찌 보면 당연합니다.
등반에 '고독이라는 낭만'[1]이 존재한다면, 그런 환경을 파괴
하지 않기 위해 소수 정예의 활동으로만 남아야 합니다. 만
약 다수의 개인주의적 스포츠가 된다면 활동 자체에 모순
이 있는 것입니다.

역설적인 것이, 우리는 인파를 피하기 위해 산으로 가
는데, 산기슭과 케이블카 안에서 스키복 입은 이들을 다
시 만나게 됩니다. 간혹 현란한 축제에 빠지는 대가로 알
프스의 슈퍼마켓은 도시에 적합한 규모로 넓어졌습니다.
1970년대부터 버섯처럼 생겨나 3월이 되면 콘크리트 골조
를 드러내는 스키 리조트의 황폐화는 말할 것도 없으며, 리
프트는 목초지를 흉하게 만들고 길에는 플라스틱, 음료수

---

1   이 주제는 안-로르 보슈Anne-Laure Boch의 소책자를 참조함, *L'Euphorie des cimes*,
Transboréal, 2017, p. 30~31.

캔, 휴지가 여기저기 버려져 있습니다. 버려진 주택들은 그대로 녹슬고 있으며, 이는 진작 야생으로 되돌려놨어야 할 것입니다. 불성실하고 부패한 행정기관에 대해 말하자면, 이들은 무분별하게 건설 허가를 내주어 산장이나 빈 주택을 건설하는 현장을 늘리고 있습니다. 연중 10개월은 비어 있을 숙소를 짓기 위해, 여름철 경관이 가장 뛰어난 산비탈을 파냅니다.

레 콩다민Les Contamines, 라 클뤼자La Clusaz, 르 시나용Le Chinaillon, 메제브, 콩블루Combloux, 르 투르Le Tour 같은 오트-사부아 지방의 마을들에는, 비록 눈은 간헐적으로 내리지만 어쩌다 올지도 모르는 휴가객을 위해 기중기, 굴삭기, 토목공사 장비가 세워져 있습니다. 말하자면 전형적인 도시 외곽 풍경이 피레네산맥의 대형 리조트에서 재현되고 있는 것입니다. 스키 리프트의 기둥들은 사라진 문명의 폐허처럼 보입니다. 더 고약한 것은 에베레스트 정상에서도 몇 시간씩 정체가 생기고 몽블랑, 드뤼Drus, 그랑 조라스Grandes Jorasses산 위는 로프 등반 대열이 줄을 잇고, 고지대 길 위에도 쓰레기, 심지어 시체까지 쌓여가는 것입니다. 종종 고통으로 굳은 채 얼어붙은 얼굴이, 미라처럼 눈 속에서 모습을 드러내기도 합니다.

전직 티베트 트레킹 가이드이자 최고 등반가인 마리온 생노-뒤퓌Marion Chaygneaud-Dupuy는 엄청난 양의 쓰레기를 수거하면서, 자신도 모르는 사이 에베레스트의 청소부가 되지 않았습니까? 빙하와 암석 대신에 반세기 동안 묵은 쓰레기의 퇴적물을 걷어내고 있는 것이지요! 이는 새로운 알프스의 고고학으로, 바로 쓰레기를 발굴하는 것입니다. 유명한 산악 지대는 높은 인기로 숨이 막힐 지경입니다. 그곳들은 "더 이상 존재하지 않는 장소에 가볼 수 있는 가능성이 모두에게 주어진 것"이라는 로베르토 칼라소Roberto Calasso가 내린 여행의 정의를 완벽하게 보여줍니다. 속물근성과 무분별함이 뒤섞여 숨이 턱 막히게 하는 집단본능에 따라 수천 명의 사람들이 기꺼이 동시에 세계적으로 가장 아름다운 능선을 오릅니다.

산악 지대를 보호하고 싶다면 앞으로는 간단한 규칙을 적용해야 할 것입니다. 예를 들면 허가증을 발급해 접근을 제한함으로써 혼잡을 완화해야 합니다. 우리의 정원을 계속 가꾸려면 정원사 수를 제한할 필요가 있습니다. 적어도 가장 인기 있는 지점에 대해서는 방문객의 통행을 제한해야 합니다. 그렇게 해서 고지대 일부 장소는 접근이 불가능하도록 하는 겁니다. 모든 사람에게 그들 개인 기호에 따라 어디든 가게 허용해서는 안 됩니다. 아름다움은 희소성과 폐쇄성을 전제로 할 때 영구적으로 유지되기 때문입니다. 근시안적으로 경제적 혹은 '민주적 필요성'이라는 명분 아래 우리의 고지가 차례대로 훼손된다면, 이는 안타까운 일이 될 것입니다. 산의 가치는 산 그 자체이며, 산이 존재한다는 것은 축복입니다.

자연을 정비하는 데는 최소 두 가지 방식이 있습니다. 보호와 유지입니다. 19세기 존 뮤어John Muir가 생각해낸 미국과 캐나다의 거대한 공원은 첫 번째 원칙에 부응하는 것으로, (원주민을 추방하는 대가로) 야생동물의 광활한 영토를 성역화한 것입니다. 상징적인 몇몇 도시를 제외하고는 미국에서 가장 아름다운 것은 끝없는 평원과 거대한 사막, 그리고 엄청난 수종이 사는 숲입니다.

러시아 대초원의 광활함이 감금과 같은 의미라면, 미국에서는 자유의 대명사입니다. 러시아 평원에서는 사람들이 쇠약해져 죽습니다. 체호프를 봐도 그렇고, 세르게이 예세닌과 불안, 무기력으로 뒤섞인 그의 '우울증'을 봐도 그렇습니다. 반면 미국에서는 서부를 정복하고 웅장한 로키산맥을 넘으며 이글거리는 사막을 횡단합니다. 한쪽은 무한함에 압도당하는 것이고, 다른 쪽은 경계를 넘어섬으로 해방되는 것입니다. 여기에 중요한 역사적 차이가 더해지는데, 미 서부는 개척자, 덫 사냥꾼, 금광 채굴자, 그리고 갇히고 학살되고 몰살된 인디언의 영역이고, 시베리아는 감옥, 포로수용소, 강제 노동 수용소, 격리와 결핍에 의한 집단적 살인의 영역입니다.

미국은 거친 창조에서 신화를 만들어냈는데, 이는 페니모어 쿠퍼Fenimore Cooper, 짐 해리슨Jim Harrison, 론 래시Ron Rash, 제임스 크럼리James Crumley, 리처드 브라우티건Richard Brautigan과 비슷한 부류의 위대한 작가들 작품에 묘사되어 있습니다. 러시아에서는 광대한 공간이 가둬놓고 모든 감옥 문학을 생산하며, 도스토옙스키의《죽음의 집의 기록》은 그런 감옥 문학의 전형으로 남아 있습니다. 러시아는 결코 강제 노동 수용소에서 벗어나지 못합니다.

유지한다는 것에는 또 다른 야망이 있는데, 이는 영토에 피해를 입히지 않으면서 동식물에 대한 존중과 인간 활동이 양립할 수 있도록 관광, 농업 혹은 목축을 통해 영토의 자원을 이용하는 것입니다. 현명한 관리 정책에 따른 고지하계 방목 또한 이런 야망에서 나온 것입니다. 산은 우리의 소유물이 아니며, 존중받아야 할 귀한 존재로 우리에게 전해집니다. 머지않아 가장 인기 있는 산봉우리에 대해 할당

이 적용될 것이고, 쉽사리 훼손되는 이 산꼭대기 위를 오가는 자유도 제한받을 것입니다.

지방자치단체들의 재정적 탐식에는 실례가 되겠지만, 한없이 그곳을 점유하던 시간은 끝났습니다. 아마도 국제법상에 심미적 범죄라는 범주를 만들어야 할 필요가 있을지도 모르겠습니다. 이를테면 지형과 계곡이나 산을 지속적으로 훼손하는 건축물은 해체한다든가 경관에 대한 모든 침해는 제재를 가한다든가 하는 것입니다. 자연은 훼손할 수 있는 인간의 권리가 아니라, 이를 보호해야 하는 인간의 의무입니다. 일부 유난히 보기 흉한 휴양 시설은 완전히 헐어버리고 해체시켜 숲이나 목축지로 환원하는 것도 고려해볼 수 있습니다. 인간을 자연과 조화시키려면, 어떤 경우에는 둘을 분리해야 합니다. 지구상에 야생동물이 지배하는 무자비함과 절대적 가혹함의 공간을 유지하는 것이 바람직합니다.

20세기 초 미국의 자연주의자 알도 레오폴드Aldo Leopold가 요구했던 것처럼 '산처럼 생각'해야 할까요? 눈, 절벽, 시냇물에게 말하게 하고, 하계 방목지, 전나무 숲, 거석에 법적 지위를 부여하고, 이들의 권리 주체로서 특수성을 인정해야 할까요? 하지만 이 개체들 중 어느 것도 변호사를 통하지 않고서는 자신을 변호할 수 없습니다. 다른 사람에 맞서 싸우는 어떤 사람들의 집단이 아니라면, 누가 호수와 습지의 권리를 보호하고, 동물 집단과 식물군의 목소리를 내겠습니까? 독일의 사회학자 울리히 베크Ulrich Beck가 요구했던 것처럼 우리는 말 혹은 플라타너스, 더 나아가 풀 한 포기에도 투표권을 줄 수 있습니다. 하지만 개표는 여전히 인간의 몫입니다. 문제를 어떤 방식으로 검토하든 간에 의미와 권리를 부여하는 것은 언제나 인간이라는 존재입니다. 즉 자연은 그 대리인을 통해서만 비로소 윤리적 주체가 됩니다.

2017년, 인도 북부 히말라야의 우타라칸드주 고등법원은 힌두교의 위대한 성지이자 무엇보다 신성한 갠지스강의 근원지인 강고트리Gangotri와 야무노트리Yamunotri 빙하에 법적 인격을 부여했습니다(대법원은 이후 이 판결에 대해 이의를 제기할 것입니다). 마찬가지로 뉴질랜드는 마오리족에게 뉴질랜드 정부와 영국 왕실의 공동 책임으로, 신성한 타라나키Taranaki산의 법적 보호자 역할을 인준했습니다. 인간의 역할을 없애기는커녕 인간이 보호자임을 자청하는 모든 자연 사물에 대해 인간의 책임을 확대하려는 강경한 행동입니다.

산을 돌보는 것은 우리의 의무입니다. 마치 외관상의 견고함이 선의를 가진 두 발 동물의 침범을 버텨내지 못할 듯한 어떤 연약한 존재를 돌봐야 하는 것과 같습니다. 이는 산을 보호하는 동시에 산으로부터 우리 자신을 보호하는 문제입니다. 자연에선 모든 것이 말을 하지만, 번역을 책임지는 건 우리 인간입니다. 자신의 지질학적 위치에서 꼭 나처럼, 자신의 존재를 지속하는 것 외에는 아무것도 요구하지 않는 수수한 산봉우리나 절벽을 보호하는 일에 언젠가 내가 참여하게 된다면 좋을 것 같습니다.

호수나 들판은 생각하지 않습니다. 그들에게 희망, 두려움, 기대를 부여하는 것은 바로 우리입니다. '산은 개인으로서의 인간을 지배하고 짓밟는 동시에, 집단으로 모인 인간에 의해 위협당합니다.'[2] 바로 이것이 해안가를 죽여버린 단체 관광이 우리 산악 지대에 바람직하지 않은 이유입니다. 이 '암석으로 된 거대한 책(바이런)'은 배려, 분별 그리고 고요함을 요구합니다.

1867년에 쥘 미슐레Jules Michelet는 더는 '알프스를 더럽히지' 말고, 더는 '평지의 무례한 정신을 산에 퍼뜨리지' 말 것을 부르짖었습니다.[3] 반발하는 이들을 굳이 알프스의 행복으로 유도할 필요도 없고, 그들이 놓친 경이로움을 보여줘

2   Anne-Laure Boch, *L'Euphorie des cimes, op. cit.*, p. 32.
3   Jules Michelet, *La Montagne*, Le Pommier, 2020, Antoine de Baecque 추천작, p. 241.

봐야 소용없습니다. 고지에서는 소비성향의 경박함이 아닌 성지순례의 엄숙함을 갖춥시다. 그 엄숙함은 언제나 세속적 군중, 시끄러운 무리와는 함께할 수 없는 엄격함과 자제력을 전제로 합니다. 그로 인해 아둔한 어떤 인간들이 의기소침해진다고 해도 괜찮습니다.

인생의 비탈에서 흔들리지 않도록

13장

높이의 미학:
숭고한 혼돈

무한함을 맛보는 사람에는 두 종류가 있습니다. 어떤 사람은 액체로 된 무한한 공간을 사랑하고, 또 어떤 사람은 수직을 좋아합니다. 전자는 보통 대양을 선호하고, 후자는 산악을 더 좋아합니다. 해안가에서 수평선 멀리 바다를 바라보는 것과 마을에서 산봉우리들의 곡예를 지켜보는 것. 이는 엄청나게 큰 것을 경험하는 두 가지 방법이며, 두 유형의 상상입니다.

바다는 최초의 태반이며 끝 모를 해구, 이상야릇한 생물, 무시무시한 풍랑, 거친 파도입니다. 산은 평야에서 우아하게 뾰족뾰족 솟은 봉우리들로, 시간에 따라 변하는 빛의 유희이자 밤의 그림자놀이, 2,000미터 너머로는 황량한 광물체입니다. 산과 바다가 함께 어우러지는 것은—코르시카, 레위니옹, 카나리아제도와 같은—일부 섬들, 프랑스와 이탈리아의 해안가, 스페인 바스크 지방에서 볼 수 있는 기적입니다.

페르디낭 라뮈Ferdinand Ramuz, 로제 프리종-로슈Roger Frison-Roche, 에리 데 루카Erri De Luca, 미셸 베르나노스Michel Bernanos,

마리오 리고니 스테른Mario Rigoni Stern, 파올로 코네티Paolo Cognetti 같은 몇 안 되는 작가를 제외하고는, 알프스에 관한 뛰어난 소설은 거의 없습니다.[1] 모두가 대체로 같은 것을 이야기합니다. 예를 들면 '암벽을 타는 사람들'의 영웅적 행위, 육체에 대항하는 의지의 싸움, 고지 골짜기에서의 동면 같은 것입니다. 지리학적 사실을 펜으로 옮겨놓은 것으로, 넘치는 상상력을 마음껏 발휘하는 데 한계가 있습니다. 토마스 만의 《마의 산》은 결핵과 결핵 요양소에 관한 책으로 알프스는 단지 배경일 뿐입니다. 즉 산이라는 갇힌 공간에서 다시 갇히는 것입니다.

또 르네 도말René Daumal의 《마운트 아날로그》는 상징적 명상에 관한 미완의 소설입니다. 허먼 멜빌Herman Melville, 조지프 콘래드Joseph Conrad(영국 소설가이자 해양 문학의 대표적인 작가 - 옮긴이), 로버트 루이스 스티븐슨Robert Louis Stevenson(영국 소설가로 《보물섬》, 《지킬 박사와 하이드》 작가 - 옮긴이) 혹은 블레즈 상드라르Blaise Cendrars(스위스 태생으로 프랑스에 귀화한 시인이자 소설가 - 옮긴이)의 작품에 상응하는 것은 아무것도 없습니다. 그 두 세계에서 유일한 공통 주제는 폭풍우로, 이는 바다에서 매우 고약하며 산에서는 대담한 사람들 위로

1　*La Forme du monde*, Arthaud, Versant intime, 2019에서 벨린다 카논Belinda Cannone이 지적한 것처럼, p. 55~56.

쏟아지는 엄청난 양의 물, 돌, 우박과 함께 무시무시한 존재입니다.

대양은 더욱 다채롭고, 모든 땅과 대륙을 연결해주고, 모험과 발견을 꿈꾸게 합니다. 항구는 여행의 서문이며, 때로는 그 자체가 여행이 되기도 합니다. 바다는 까마득히 빈 공간이며 마음이 부풀어오르게 합니다. 반면 산은 가득 찬 충만함이며 차고 넘쳐흐릅니다. 한쪽에서는 넓음을 경험하고, 다른 쪽에서는 높이를 체감합니다. 바다에 대한 느낌은 드넓은 바다에 대한 두려움인 광장공포증의 위협을 받고, 산에 대한 느낌은 갇힌 공간에 대한 공포인 폐소공포증이 노리고 있습니다. 등반가는 자기 감옥의 벽을 기어오르지만, 그 감옥을 무엇보다 소중히 여기는 사람입니다. 이는 끝없는 반복과 재도전에서 느끼는 행복입니다.

만일 파리 근처에 산이 있었다면, 프랑스 문학은 훨씬 활력에 넘쳤을 것이라고 스탕달은 말하곤 했습니다. 그랬다면 위대한 세기(17세기)의 섬세함과 멋은 잃어버렸을 수도 있었겠지요. 이는 전혀 확실하지 않습니다. 프랑스에서 문학이란 영생의 비종교적 형태입니다. 세계 다른 어떤 나라에서도 책과 작가를 그처럼 숭배하지 않습니다. 프랑스의 고전은 영혼의 명암을 분석하는 데 뛰어나지만, 이는 세속성이나 용맹함에 관한 것은 아닙니다. 아마도 이런 상대적 무관심에는 또 다른 심오한 이유가 있을 텐데, 바로 영웅주의 문화의 퇴조입니다.

스크루와 하네스로 암벽에 맞서는 등반가는 풍차를 대적하는 돈키호테의 사촌쯤 되는데, 이는 우리가 감탄하는 이례적 인물이지만 따르기는 어려운 모델입니다. 곡예 같은 등반을 하는 전문가를 위한 총서가 있습니다. 여기에는 등반 경로의 난도가 상세히 설명되어 있고, 등반 전반에 적용할 만한 조언을 아낌없이 제공합니다. 이 책은 문학적이기에 앞서 기술적이며, 허구이기보다는 서술에 가깝습니다.

우리는 초기 영국 여행가들이 뾰족한 봉우리와 빙하, 즉 유럽 한복판의 아틀란티스, 지구상의 또 다른 세계를 발견하면서 느낀 경이로움과 두려움을 과소평가합니다. 오늘날 우리 눈이 화려한 영화나 사진으로 배부르듯이, 예전의 그들도 눈이 휘둥그레졌을 겁니다. 교회와 사회적 통념이 고약하고 저주스럽게 여겼던, 높이 불거진 봉우리를 우리 시선이 아름답다고 판단하기까지는 몇 세기가 걸렸습니다. 유럽의 산은 발견된 것이 아니라, 위대한 문화를 향유한 도시인, 16세기 스위스 인문주의자, 즉 낭만주의적 영감을 미리 보여준 이들이 발명했습니다.[2] 루소 이전에 이미 그들은 산에서 장엄한 풍경을 본 것입니다.

18세기, 이마누엘 칸트와 에드먼드 버크Edmund Burke가 숭고함이라는 개념을 부각하면서, 산은 교양 있는 대중이 자주 가는 장소가 됩니다. 각양각색으로 우리를 놀라게 하고, 아름다움에 대한 전형적인 생각을 초월하며, 일종의 '매력적인 공포', '소름 끼치는 환희'를 불러일으키는 모든 광경은 숭고합니다. 우리 목숨이 걸려 있지만 않다면 말입니다. 몇 킬로미터에 걸쳐 협곡 사이로 굴러떨어지는 눈사태는, 다행히 우리가 그 사정거리 안에 있지만 않다면 맹렬한 집중 포격으로 그 숨결의 위력을 전달해줍니다. "경사가 급한 곳을 좋아하는 저의 취향에서 재미난 것은, 그런 곳들은 현기증을 불러일으키는데, 안전하기만 하다면 이 현기증을 정말로 좋아합니다(루소)."

자연의 야성은 영혼이 성장하는 데 필요한 양식이 되었습니다. 못된 계모는 매정하지만 그 냉정함은 우리를 바꾸어놓습니다. 숭고함이란 관념은 아름다움과 추함의 대립을 뛰어넘을 수 있게 합니다. 대단하지 않은 풍경도 우리 자신 너머로 우리를 데려간다면 장엄할 수 있습니다. 일찍이 플라톤은 소크라테스에 대해 말하면서, 아름다움은 몽롱하게

---

2   필리프 주와르Philippe Joutard의 *Le Sentiment de la montagne* 중에서, *op. cit.*, p. 11, 〈Redécouverte de la montagne au XVIIIᵉ siècle, création d'une mode〉.

만들지만 추함은 전율을 일으킨다고 했습니다.

고지에서는 본질적인 드라마가 펼쳐집니다. 두 개의 왕국, 즉 범속함과 강인함, 세속과 신성의 세계 사이를 오가는 여정입니다. 산을 오른다는 것은 비록 무신론자일지라도 신에게 다가가는 것입니다. 평범한 일상을 그 이상으로 높이는 모든 일은 축하받을 만합니다. 올라간다는 것은, 니의 자연스러운 관성을 뿌리치고 강제로 위쪽을 바라볼 때만 가능한 것입니다. 모든 연령대의 사람들을 구별 짓게 하는 것은 그들이 보여주는 에너지로, 불태우고 소비하는 것입니다. 잘 늙는다는 것은 추진력을 마치 배터리처럼 저장하고 새로 바꾸며, 자신 안에 넉넉하게 비축하는 것입니다. 에너지는 소비함으로써 생성되고, 무기력 속에서 소멸됩니다. 위대한 원숙함의 진정한 위험은 철학 속에 세워진 무기력과 권태입니다.

고지대는 공기층이 감소하는 정상에 이르기 전, 그 자체가 여러 단계로 세분된 흔치 않은 곳입니다. 그림 같은 경치를 지나 깜짝 놀라게 되고, 놀라움에서 위험한 것으로 넘어갑니다. 산악의 저지대는 대체로 우울해 보이며, 마치 고지에 대해 누설하기를 꺼리는 수많은 샤프롱(옛날에 지체 높은 집안의 젊은 처자를 감시하던 나이 든 부인, 보호자 – 옮긴이)처럼 보이는 공장, 공공 임대주택, 상업지역으로 뒤덮여 있습니다. 차나 버스로 올라가면 초라한 일상을 지나, 웅장한 원형극장에서 펼쳐지는 풍경에 대한 시각적 호흡으로 넘어갑니다. 올라감에 따라 세계가 바뀌며, 저 아래 속된 삶을 뒤로하게 됩니다. 평지로 하산하는 것은 형벌과도 같으며 빛에서 그늘로, 뛰어남에서 진부함으로 옮겨 가는 것입니다.

산의 아름다움은 어디서 비롯된 걸까요? 1897년, 엘리제 르클뤼의 사촌 프란츠 슈라더Franz Schrader가 파리의 등반 클럽에서 열린 강연에서 던진 질문입니다.[3] "그곳에서 현실이 취하는 환영의 색채로부터입니다." 풍경 화가에 걸맞은 비범한 대답입니다. 나 같으면 알프스와 피레네의 아름다움에 대해 이렇게 말할 것 같습니다. 멀리서는 등장의 웅장함이고, 가까이에서는 탐험의 경이로움이라고. 드뤼와 에귀유베르트의 뾰족한 봉우리 사이에 얹힌 두건 모양 같은 몽블랑의 경치, 피레네의 포 지역에서의 미디 도소Midi d'Ossau 산봉우리 전망은 언제 보아도 충격적입니다. 벨가르드 지방에서 고속도로를 타고 쥐라주 산줄기를 지나 사부아 지방에 도착하면, 반짝반짝 빛나며 매우 다양한 모습으로 깜짝 놀

3   Franz Schrader, *À quoi tient la beauté des montagnes?*, Isolato, 2010. Lecture de Joël Cornuault.

래는 이 하얀 거인들이 갑작스럽게 출현해 숨이 막힐 지경입니다. 자부심과 섬세함을 겸비한, 아름다운 수직의 솟아오름입니다. 원추형 탑, 종탑, 성탑, 첨탑 같은 모양에 우리 눈은 끊임없이 끌리고 감탄하게 됩니다. 굽이굽이 오르다 보면 각각의 산비탈, 작은 마을, 호수, 숲, 폭포에서 단계마다 다양한 모습과 새로운 조망을 발견하게 됩니다.

산은 아름다울 뿐만 아니라 기상천외합니다. 고지의 나라는, 이제껏 존재하지 않던 규칙과 관점이 함께하는 또 다른 나라처럼 땅 위에 꼿꼿이 솟아 있습니다. 겨울철 그 풍경은 성당에 있는 키메라 상像, 이무깃돌(동물 모양의 배수용 석상 – 옮긴이) 혹은 기하학적 수수께끼를 연상시킵니다. 산비탈은 결빙으로 얼어붙은 고드름과 눈으로 잠시 하나가 된 돌, 눈이 만든 매끄럽고 반짝이는 둥근 형태로 가득합니다. 시간에 따라 밝아졌다 어두워졌다 하는 화강암 능선에서는 불꽃이 일어나는 것 같습니다. 산봉우리는 광적인 예술가가 암석을 부수고, 수직과 수평을 섞어가며 피라미드, 정사면체, 반원형, 거대한 흙더미, 돔 위에 얹힌 모자 모양, 운석 조각에 몸짓을 더해 만든 작품처럼 보입니다. 전형적인 생각을 괴롭혔을 애석한 기발함입니다.

많은 무시무시한 파수꾼처럼 이 혼돈을 지키고 서 있는

산꼭대기를 제외하고는, 마우리츠 코르넬리스 에스허르Mau-rits Cornelis Escher에게 고산이란 모든 대칭을 무시한 채 되는대로 이루어진 다차원의 공간입니다. 산을 오른다는 것은 끝없이 축하 의식을 시작하는 것이며 아이벡스의 우아함, 빙설의 눈부심, 하늘을 가르며 서 있는 뾰족한 산봉우리의 솟구침 앞에서 황홀경에 빠지는 것입니다. 산은 결코 서로 비슷하지 않으며, 그 풍경은 시간과 날에 따라 달라집니다. 산봉우리들은 나타났다 사라졌다 하면서 마치 극장 무대처럼 돌아갑니다.

만일 성숙해간다는 것이 취향의 폭을 넓히는 것이라면, 산을 오르면서 우리는 적어도 두 가지 유형의 아름다움을 구별하는 법을 배웁니다. 인간과 환경의 조화로 이루어진 평온한 아름다움, 예를 들면 완만한 산이 있고 그 너머 비대칭, 뾰족뾰족한 산봉우리, 마구 쌓인 돌 더미가 이루어내는 불규칙한 아름다움이 있습니다. 아름다움은 노력에 대한 보상입니다. 멀리 보이는 지평선은 고지에서 투쟁으로 이를 얻어낸 이들에게는 여전히 매혹적입니다.

스코틀랜드 작가 로버트 맥팔레인에 따르면, 1700년대까지 알프스 고개를 넘어야 했던 여행자들은 종종 '뾰족뾰족 솟은 산봉우리들의 형세에 겁먹지 않기 위해' 눈가리개를 했다고 합니다. 철학자이자 성공회 주교인 조지 버클리 George Berkeley는 1714년, 말을 타고 몽세니 고개를 건널 당시 '무시무시한 낭떠러지들 때문에 기분이 몹시 나빴다'라고 썼습니다.[4] 참회록(1782년과 1789년에 출판된)에 다음과 같이 쓴 루소와는 너무나도 다릅니다. '평지의 그 어떤 곳이 제아무리 아름다워도, 내 눈에는 결코 그렇게 보이지 않았습니다. 나에게는 급류, 암석, 전나무, 울창한 숲, 산등성이, 오르내리기에 울퉁불퉁 거친 길, 나를 두렵게 만드는 바로 옆 낭떠러지가 필요합니다."[5]

겨우 반세기가 좀 넘는 시간이 이 두 시점을 가르지만, 얼마나 큰 변화입니까. 루소의 경우, 전율은 예술적 요소가 되며 가능성 있는 재앙에 대한 쾌감이 존재합니다. 이를테면 공포 영화 애호가는 공포가 우리를 직접 건드리지 않고 영향을 미칠 때 짜릿하다는 것을 알고 있습니다. 무시무시하거나 웅장한 광경에 환호하는 것은 자신을 고갈시킬 수 있는 가능성으로 그 평범한 일상에 활기를 불어넣고자 하며, 자신의 무상함을 즐기는 문명인의 속성입니다. 위험천만한 빙하 슬라이드, 뇌우의 맹렬한 폭음, 균형을 무너뜨릴 것 같은 가파른 협로 같은 것들이 바로 지금 우리 눈이 요구

4   Robert Macfarlane, *op. cit.*, p. 155.

5   Jean-Jacques Rousseau, *Les Confessions*, Livre quatrième.

하는 광경입니다.

현재의 아름다움은 과거의 추함에 21세기 우리 시대의 산에 대한 연약한 감상이 더해진 것입니다. 산에 있어 웅장함이란 엽서 위의 생기 없는 완벽함과는 달리, 때로는 괴물에 가깝습니다. 따라서 그 아름다움은 정반대 것들을 서서히 다시 정복함으로써 자신을 부정하는 모든 것, 무한함, 기괴함, 거대함을 조금씩 점령할 것입니다. 산은 우리의 범주를 뒤집어놓을 때만큼 압도적이었던 때가 없습니다. 산은 본래 우리를 아연실색하게 하는 기괴함이고, 범주 밖의 추함입니다. 우리를 파고드는 복잡 미묘한 공포는, 눈사태를 막 빠져나와 발꿈치에서 죽음의 숨결을 느꼈던 사람의 감정과 유사합니다. 자연 요소의 혼돈에서 유쾌한 무력감이 생겨납니다. 지질학적 우연이 주옥같은 시로 변모했습니다.

에필로그

한번 정상에 도달해본 자는 계속해서
산을 오르게 된다[1]

산 애호가란 어떤 사람일까요? 초원 위 첫눈에 기쁨으로 설레는 사람, 산 정상의 햇빛 가득한 전망대 앞에서 전율을 느끼는 사람, 바늘처럼 뾰족한 봉우리 앞에서 목이 메는 사람이라면 누구나 해당됩니다. 또 에베레스트산이 일 년에 5밀리미터씩 높아지고, 산맥이 계속 상승한다는 사실에 기뻐하는 사람도 그렇습니다. 우리 후손들이 더 높이 오르는 데 만족한다면, 아마 계속 화이트 크리스마스를 보낼 수 있을 겁니다. 앞으로도 오르지 못할 모든 봉우리는 여전히 나를 매혹하며, 만일 환생할 수 있다면 앞으로 적어도 세 번의 생을

---

1   티베트 속담.

가득 채우게 될지도 모릅니다.

산은 계속해서 나를 매료시키며, 산을 이해하기 위한 시간이 내게 그리 많이 남아 있지 않을 것입니다. 내게 산을 오른다는 것은 시간이라는 필연성에서 벗어나는 가장 간단한 방법이며, 하나의 정화 의식입니다. 힘겹게 고지의 평원에 올랐을 때, 절벽을 기어올라 흠뻑 젖은 채 바람이 휩쓸고 간 능선에 도착했을 때, 내가 싸워 이긴 것은 산 정상이 아니라 나 자신의 타성입니다. 우리가 스스로 바랄 수 있는 가장 아름다운 승리는 자기 자신에 대한 승리입니다.

나는 찬란한 광경에 압도된 채 배낭을 열어 동료들과 견과류, 빵, 치즈를 나눠 먹습니다. 거만하게 솟은 봉우리, 보랏빛 암벽에 얼음으로 반짝거리는 반사면을 감격스레 바라봅니다. 산을 내려오면서 용담의 푸른 방울 모양의 꽃, 아르니카 새싹, 수레국화, 부채꽃, 작은 틈에 끼어 있는 초롱꽃 무리에 감탄을 아끼지 않습니다. 누구나 자신의 등반을 자랑스러워하는 작은 명성을 누릴 수 있습니다.

마지막까지, 이룰 수 없는 도전에 뛰어들어야 합니다. 커다란 것만이 우리를 더 크게 만들며, 하늘을 향해 우리를 끌어당기는 것은 어떤 거대함입니다. 산비탈은 몇 년 동안 그곳을 오른 사람들에게도 늘 새롭게 다가옵니다. 같은 것을 반복해도 전혀 싫증 나지 않고, 백번을 되풀이하더라도 여전히 처음인 것 같습니다. 나는 죽음을 길들였던 것이 아니라, 가끔 시간을 되돌렸던 것입니다.

삶의 마지막 단계에 올라서서도 우리는 한 걸음 한 걸음 따라가는 수밖에 다른 선택의 여지가 없습니다. 삶은 종종 사다리에 비유되기도 합니다. 올리감에 따라, 우리는 사다리 마지막 칸이 벽에 기대 있는 것이 아니라 허공에 놓여 있다는 것을 깨닫게 됩니다. 우리는 만화 속 인물처럼 절벽에서 펄쩍 뛰어내려 두 발로 달려갑니다. 오르기를 멈추어서는 절대로 안 되며 계속 기어 올라가야 합니다. 일단 산 정상에 도달하고 나면, 그다음은 우리에게 도전장을 던지는, 그리고 앞선 정상에 가려 있던 다른 정상을 찾는 것이 문제가 됩니다.

마지막까지 시간과 신분을 속이는 것이 중요합니다. 그어떤 것도 존재에 대한 갈증을 해소할 수 없고, 특히 흘러가는 세월은 그렇게 할 수 없습니다. 산은 본질적인 가르침을 주었는데, 진정한 불행은 갈망의 소멸에 있다는 것입니다. 사랑에서와 같이 고지에서도 가장 중요한 것은 언제나 소멸 시한을 늦추는 것입니다. 나이를 불문하고 배보다는 눈을 크게 가져야 하며, 가능한 것 이상을 원해야 합니다. 부족해져가는 힘을 열망으로 메우고, 끝없는 욕망을 드러내야 합니다. 세상과 우리를 연결해주는 열정이 결코 사그라지지 않도록.

죽음의 그림자가 당신에게 "게임 오버"라 말할 때까지.

그런데 저승 그 자체가 기어 올라가야 할 산봉우리의 연속은 아닐까요? 또 다른 알프스 장벽은 아닐는지요?

누가 알겠습니까?

감사의 말

이 책의 제목 'Dans l'amitié d'une montagne'라는 표현은 장 지오노Jean Giono의 소설에서 따왔습니다.

오트-잘프주 아르장티에 부근의 부시에에서 잊지 못할 순간을 위해 오랜 기간 나를 맞이해준 장 피에르 오블린과 그의 형제 노르베르에게 특별한 감사의 마음을 전합니다. 또 메제브 산장에서 맛난 음식으로 환대해주고 우리의 겨울과 여름을 흥겹게 해주었던 프랑수아즈와 위그 드바브랭에게도 감사드립니다. 프랑수아 클레에게 그의 교육적 감각, 인내심, 가이드로서 충실함에 대해 우정 어린 깊은 감사를 보냅니다. 에크랑 국립공원과 페르세 정상을 떠올리며 프레데 마르티네즈에게 아주 특별한 인사를 전합니다. 매일 몽블랑과 건배하는 베테스의 은둔자, 브리외 올리비에에게 훈훈한 인사를 전합니다. 또 나의 변함없는 등반 동지들 마누엘 카르카손, 세르주 미셸, 피에르 플라비앙에게도 인사를 전합니다.

끝으로 너무나도 소중한, 오랜 시간 아빠와 함께 힘든 행군을 하고 있는 딸 안나에게 애정 어린 마음을 보냅니다.

참고문헌

LE SANGLOT DE L'HOMME BLANC, 〈L'HISTOIRE IMMÉDIATE〉,
Seuil, 1983; Points Actuels, 1986.

LA MÉLANCOLIE DÉMOCRATIQUE, 〈L'HISTOIRE IMMÉDIATE〉,
Seuil, 1990; Points Actuels, 1992.

LA TENTATION DE L'INNOCENCE, Grasset, 1995(prix Médicis); Le
Livre de Poche, 2008.

L'EUPHORIE PERPÉTUELLE; Essai sur le devoir de bonheur, Grasset,
2000; Le Livre de Poche, 2008.

MISÈRE DE LA PROSPÉRITÉ; La religion marchande et ses ennemis,
Grasset, 2002; Le Livre de Poche, 2004.

LA TYRANNIE DE LA PÉNITENCE, Grasset, 2006; Le Livre de Poche,
2008.

LE PARADOXE AMOUREUX, Grasset, 2009; Le Livre de Poche, 2011.

LE MARIAGE D'AMOUR A-T-IL ÉCHOUÉ, Grasset, 2010.

LE FANATISME DE L'APOCALYPSE; Sauver la Terre, punirl'Homme, Grasset, 2011; Le Livre de Poche, 2013.

LA SAGESSE DE L'ARGENT, Grasset, 2016 ; Le Livre de Poche, 2017.

UN RACISME IMAGINAIRE, Grasset, 2017.

UNE BRÈVE ÉTERNITÉ, Grasset, 2019.

UN COUPABLE PRESQUE PARFAIT, Grasset, 2020.

인생의 비탈에서 흔들리지 않도록

초판 1쇄 인쇄 2023년 7월 20일
초판 1쇄 발행 2023년 7월 25일

지은이 | 파스칼 브뤼크네르
옮긴이 | 최린

발행인 | 유영준
편집팀 | 한주희, 권민지
마케팅 | 이운섭
교정교열 | 고영숙
디자인 | studio forb
인쇄 | 두성P&L
발행처 | 와이즈맵
출판신고 | 제2017-000130호(2017년 1월 11일)

주소 | 서울 강남구 봉은사로16길 14, 나우빌딩 4층 쉐어원오피스 (우편번호 06124)
전화 | (02)554-2948
팩스 | (02)554-2949
홈페이지 | www.wisemap.co.kr

ISBN 979-11-89328-66-5 (03100)